Lorenz Gallmetzer
Von Mussolini zu Salvini

Lorenz Gallmetzer

Von Mussolini zu Salvini

Italien als Vorreiter des modernen Nationalpopulismus

www.kremayr-scheriau.at

ISBN 978-3-218-01182-2

Schutzumschlaggestaltung: Sophie Gudenus, Wien
Fotos auf dem Schutzumschlag: Roger Viollet/picturedesk.com (oben),
Alberto Pizzolli/AFP/picturedesk.com (unten)
Typografische Gestaltung und Satz: Danica Schlosser, danicagrafik.de
Druck und Bindung: Christian Theiss GmbH, St. Stefan im Lavanttal

Inhalt

Was braut sich da zusammen?

Wenn von Regierungskrisen in Italien die Rede ist, dann schmunzeln Beobachter im restlichen Europa meist unbesorgt. Schließlich hat es das Nachbarland in 70 Jahren auf fast ebenso viele Regierungen gebracht. In den allermeisten Fällen handelte es sich um Regierungsumbildungen, aber es gab auch einschneidende Brüche und Umwälzungen. Die erste Regierung von Silvio Berlusconi vor 25 Jahren war so eine Wende und leitete die Zweite Republik ein.

Jetzt erleben wir wieder eine radikale Wende, die noch weit folgenreicher sein könnte. Im März 2018 wurde nicht nur eine Mitte-Links-Regierung abgewählt, es wurden alle traditionellen Parteien von den Wählern erbarmungslos abgestraft. Als erstes Land der „alten EU" – also ohne die ehemaligen Warschauer-Pakt-Staaten – wird Italien von zwei Parteien regiert, die eine „sanfte Revolution", einen Bruch mit allem bisher Gekannten, eine Dritte Republik versprechen.

Trotz vollkommen unterschiedlicher Entstehungsgeschichte haben die beiden derzeit regierenden Parteien, die *Lega* Matteo Salvinis und der *Movimento 5 Stelle*, doch genügend Gemeinsamkeiten, dass sie sich – in Ermangelung anderer möglicher Mehrheitsverhältnisse – auf eine Regierungskoalition einigen konnten.

Es verbindet sie die Berufung auf „das Volk", als wäre es ein homogenes Gebilde, die aggressive Feindschaft gegen „die da oben", gegen Eliten, Experten, Intellektuelle, gegen die Ausländer, gegen die EU sowie gegen angeblich dunkle Mächte (Stichwort: George Soros), die Italien wirtschaftlich in die Knie zwingen und den Italienern vorschreiben wollen, wie sie zu leben haben.

Der Siegeszug des nationalistischen, fremdenfeindlichen und gegen alle bisher Regierenden gerichteten Populismus in

Italien steht im Einklang mit den Entwicklungen weltweit, von Trump in Amerika über Le Pen und die Gelbwesten in Frankreich bis hin zu Orbán in Ungarn und Kaczyński in Polen. Auch die Ursachen für diesen Stimmungsumschwung sind die gleichen. Drei Jahrzehnte entfesselte Globalisierung und die digitale Revolution haben den im Westen seit dem Zweiten Weltkrieg geltenden Gesellschaftsvertrag erschüttert. Immer breitere Bevölkerungskreise fühlen sich angesichts der Verschlechterung ihrer Lebensbedingungen allein gelassen. Ob Wirtschaftskrise, Prekarisierung der Arbeit, soziale Ungleichheit oder Migration – die Menschen sind verängstigt. Und sie haben nicht zu Unrecht das Gefühl, dass die Verantwortlichen in Politik und Wirtschaft selbst entweder ohne Kompass navigieren oder nur an ihren Vorteil und den Machterhalt denken.

In Italien gibt es für diesen Vertrauensverlust noch größere Berechtigung als in vergleichbaren Ländern. Seit Jahrzehnten schafft es die dritte Wirtschaftsmacht der Euro-Zone nicht, die grundlegenden Bedürfnisse der gesamten Bevölkerung einigermaßen ausgewogen zu befriedigen. Neben Topleistungen in einigen Spitzensektoren von Wissenschaft und Wirtschaft herrschen teilweise Dritte-Welt-Verhältnisse. Mangelnde und zerfallende Infrastrukturen im Gesundheitswesen, in der Schule, im Straßen- und Transportwesen sind der Alltag. Die kafkaeske Bürokratie erstickt das Land, Korruptionsskandale und Mafiaverbrechen füllen täglich die Zeitungen und die Justiz ist hoffnungslos überlastet – neun Millionen Gerichtsverfahren sind offen und pro Jahr verjähren 130.000 davon ohne Urteil. Das Wirtschaftswachstum und die Einkommen haben sich seit der Krise von 2008 nicht erholt, die Jugendarbeitslosigkeit erreicht im Süden 50 Prozent und zwingt jährlich 150.000 junge Menschen zur Jobsuche ins Ausland, meist die besser qualifizierten.

Nun wäre es ein Leichtes, mitleidig achselzuckend und mit der Bemerkung „Bella Italia ist halt schon seit jeher der kranke

Sonderfall" zur Tagesordnung überzugehen. Das wäre ein Fehler. Denn sicherlich ist Italien „das schwächste Glied der Kette", aber ein Reißen der Kette hätte besorgniserregende Folgen für ganz Europa. Und gleichzeitig war Italien schon immer Vorreiter großer Umwälzungen weit über seine Grenzen hinaus.

Vorreiter Italien

Gemeinsam mit den Griechen waren die Römer die Schöpfer der westlichen Kultur und Zivilisation. Aber Italien hat eben nicht nur einen Dante Alighieri, Michelangelo, einen Leonardo da Vinci, Amerigo Vespucci oder Nicolò Machiavelli hervorgebracht – es hat auch Benito Mussolini und mit ihm eine bis dahin ungekannte Form der politischen Massenbewegung und Diktatur kreiert. Mit seinem Gemisch aus nationaler, klassenübergreifender und scheinsozialistischer Überhöhung des Volkes als mythisches Gebilde wurde der Faschismus vielfach kopiert – von Portugal und Spanien über Frankreich, Belgien, Deutschland, Österreich, Polen, die baltischen Staaten, Ungarn, Rumänien, Griechenland, Jugoslawien ... und Adolf Hitler bewunderte den schon elf Jahre vor ihm an die Macht gekommenen Mussolini ganz besonders wegen seiner militaristisch-pompösen Inszenierung der fanatisierten Massen.

Auch die Deformation des Klassenkampfes zum mörderischen Terrorismus neofaschistischer und linksextremer Gruppen hat in keinem westlichen Land Ausmaße wie im Italien der 1970er-Jahre mit mehr als 300 Toten erreicht.

Und schließlich spielte Italien vor 25 Jahren wiederum eine unrühmliche Vorreiterrolle mit einem „Führer", Silvio Berlusconi. Der Immobilien-, Werbe- und Medienzar nahm so gut wie in jeder Hinsicht den heutigen US-Präsidenten vorweg. „Als reichster Mann Italiens" (Eigendefinition) und Nicht-Politiker trat Berlusconi an, das Land wie ein Unternehmen zu lenken. Im Handumdrehen verwandelte er seine Werbeagentur *Publitalia* in eine Partei. Ganz auf den *Presidente* zugeschnitten, hat der *capo* bis heute das Sagen und ist das einzige Aushängeschild. Die Ein-Personen-Bewegungs-Partei war ein absolutes Novum und lange vor Macron, Renzi, Kurz oder Matteo Salvini erfunden. Die Trump'sche Propagandamaschine Twitter + FoxNews hat Berlusconi mit seiner Omnipräsenz in den hauseigenen Privat-TV-Kanälen ebenso vorweggenommen wie die tägliche Provokation durch politische Unkorrektheit, durch Machismo, Sexskandale sowie den Kampf gegen die „politisierte Justiz" und die „lügenden Mainstream-Medien". Der Bruch sämtlicher Spielregeln und Konventionen der politischen Kultur hat das öffentliche Leben Italiens radikal verändert und bis heute nachhaltig geprägt.

Denn selbst bei der Linken eroberte im Windschatten des Berlusconismus und im Namen der politischen Erneuerung durch Generationswechsel ein junger, dynamischer Populist die Führungsspitze, Matteo Renzi. Auch er trat gegen das Establishment an, nämlich gegen jenes seiner eigenen Partei, des *Partito Democratico*. Von sich selbst zum *rottamatore*, zum „Verschrotter" ernannt, gelang es Renzi bei den parteiinternen Vorwahlen, die alte Führungsgarde zu verdrängen, und bei den Europawahlen 2014 errang er mit fast 41 Prozent der Stimmen einen spektakulären Sieg. Und wieder war der Schlüssel zum Erfolg die extreme Personalisierung der Politik, die mediale Omnipräsenz – auch auf Facebook und Twitter – und das Versprechen einer radikalen Wende. Das Ausbleiben der verheißenen Sofort-Verbesserungen und der zentralistische Führungsstil in Partei und Regierung brachten Renzi jedoch nach drei Jahren zu Fall.

Schwarze Schatten

Innerhalb nur eines Jahres gemeinsamer Regierung mit dem *Movimento 5 Stelle* konnte die Salvini-*Lega* bei den EU-Wahlen 2019 den Zuspruch der Wähler auf 34 Prozent verdoppeln, die Stimmen der *5 Stelle* wurden hingegen halbiert. Salvini ist der starke Mann in der Regierung und im Land. Seit Langem ist in Italien eine lebhafte Debatte über die politische Natur des ungleichen Regierungspaares und über den „Salvinismus" entbrannt. Ist es Faschismus? Präfaschistisch, totalitär, autokratisch, illiberal, souveränistisch oder einfach nur populistisch? Wie soll man dieses bisher ungekannte Phänomen benennen? Und was dagegen tun?

Die mangelnde Vergangenheitsbewältigung nach 1945, die Banalisierung des Faschismus, eine durch den Kalten Krieg blockierte und amputierte Demokratie mit der *Democrazia Cristiana* als fünf Jahrzehnte durchregierenden Staatspartei haben Bürokratie, Vetternwirtschaft, Korruption und eine erhöhte Anfälligkeit für autokratische Versuchungen gefördert. Die Autorität des Staates, die Einhaltung der Gesetze und eine Festigung des zivilen Bürgersinns wurden untergraben.

Bei Drucklegung dieses Buches ist schwer abzusehen, ob und wie lange die *Lega/5 Sterne*-Regierung überlebt. Sehr wohl abzusehen ist die wahrscheinlichste Alternative. Angesichts der Krise und Orientierungslosigkeit der geschwächten Linken würde Matteo Salvini eine ultrarechte, autokratische Regierung mit extremistischen Tendenzen anführen, im Herzen Europas.

Das Tandem der Ungleichen

Als Höhepunkt der Kampagne für die EU-Wahlen im Mai 2019 hat Matteo Salvini die Anführer von elf „Schwesterparteien im Geiste" zur Großkundgebung nach Mailand geladen. Auf der Bühne herzten Marine Le Pen, Geert Wilders & Co. ihren neuen Helden Matteo demonstrativ Selfie-schießend. Dabei schien es sie gar nicht zu stören, dass die überdimensionalen Plakatwände der Bühnenkulisse hauptsächlich von italienischem Nationalstolz trieften – „Italien zuerst", „Italien erhebt wieder den Kopf", „*Lega* – Salvini". Sie konnten sich ja an die Slogans gegen die gemeinsamen Feinde halten: „STOP den Bürokraten, den Bankern, den Gutmenschen, den Flüchtlingsbooten!" Und er sprach ihnen zweifellos aus dem Herzen, als er gleich zum Auftakt des rechten Hochamts vor dem Mailänder Dom jeden Vorwurf des Rechtsextremismus von sich wies: „Auf diesem Platz gibt es keine Extremisten, keine Rassisten, keine Faschisten! Wenn es in Italien und Europa einen Unterschied gibt, dann zwischen denen, die nach vorne schauen und an einem Zukunftstraum bauen, und jenen, die einen Krieg gegen die Geister der Vergangenheit führen. [...] Hier ist nicht die Ultrarechte versammelt, sondern die Politik des gesunden Menschenverstandes. Die Extremisten sind die, die Europa 20 Jahre lang im Namen der Prekarität und der Armut regiert haben. [...] Wir erleben einen historischen Augenblick, denn wir werden unser Land und Europa von der in Brüssel organisierten, illegitimen Besatzung befreien!"

Der 26. Mai bescherte Salvinis Schwesterparteien zwar nicht den prognostizierten und von vielen befürchteten Erdrutschsieg, ebenso wenig einen mächtigen und geeinten Block aller ultrarechten EU-Feinde im Europäischen Parlament, aber zu Hause ist Salvini seither die absolute Nummer eins. Mit der Verdoppelung der bei der Parlamentswahl 2018 erhaltenen

Stimmen von 17,4 auf 34,3 Prozent wurde die *Lega* zur weitaus stärksten Partei des Landes. Der linke *Partito Democratico* konnte sich leicht auf 22,7 Prozent erholen. Zweite Sensation: Der vom Komiker Beppe Grillo ins Leben gerufene *Movimento 5 Stelle* ist innerhalb eines Jahres von 32,7 auf 17 Prozent abgestürzt. Ebenso die *Forza Italia* von Silvio Berlusconi von 14 auf 8,7 Prozent, die neofaschistischen *Fratelli d'Italia* stiegen von 4,3 auf 6,6 Prozent. Alle anderen Listen scheiterten an der Vier-Prozent-Hürde.

Bei seiner nächtlichen Pressekonferenz vermied Salvini demonstrativ jede Siegerpose. Noch vor den Wählern dankte er dem unbefleckten Herzen der Heiligen Maria, das kleine Christus-Kreuz seines Rosenkranzes küssend, und verkündete todernst: „Die Freude und das Feiern werden wenige Minuten dauern, bestenfalls einen Abend, denn jetzt schlägt die Stunde der Verantwortung. Morgen früh bin ich im Büro und ich werde nicht eine einzige Stimme der Italiener dazu verwenden, um auch nur einen halben Amtssessel mehr zu fordern." Die kolportierten Spekulationen über Neuwahlen für den Fall, dass die *Lega* bei den EU-Wahlen den von den Demoskopen seit Monaten vorausgesagten Erdrutschsieg erringt, wischte Salvini mit salopper Handbewegung weg. „Die Italiener wollen eine Regierung, die arbeitet. Ich habe mein Wort gegeben und halte es, wir machen vier Jahre weiter." Doch im selben Atemzug ließ der *Capitano,* wie ihn seine Fans nennen, keinen Zweifel daran, wie er sich diese Arbeit vorstellt. Den geschlagenen *5 Sternen* verkündete er öffentlich seine „Chronogramm" genannte Liste der sechs Vorhaben, zu denen er sich „innerhalb weniger Monate ein Ja" des Koalitionspartners erwarte: Weiterbau des Hochgeschwindigkeits-Basistunnels Turin-Lyon, 15-Prozent-Flat-Tax für Einzelpersonen und Unternehmen mit einem Jahreseinkommen bis 50.000 Euro, größere Finanz- und Verwaltungsautonomie für die Regionen, Freigabe der blockierten Infrastruktur-Großprojekte, das sogenannte

Sicherheitsdekret 2 mit noch drastischeren Maßnahmen gegen Migranten und Inangriffnahme einer Justizreform. Diese Prioritäten der *Lega* hätten neun Millionen Italiener an der Wahlurne bekräftigt. „Sollte ihre Realisierung mit den *5 Stelle* nicht machbar sein, werden wir es eben mit anderen Partnern machen", warnte Salvini.

„Diktat", „Ultimatum", „Galgenfrist" – die Medien und Kommentatoren waren sich einig: Salvini geriert sich als *premier in pectore*, als geheimer Premier, und fordert die Kapitulation des Koalitionspartners, denn zu allen sechs genannten Vorhaben haben *Lega* und *5 Sterne* gravierende Differenzen, wenn nicht gar diametral entgegengesetzte Positionen. Der Kampf gegen den italo-französischen Basistunnel und insgesamt gegen umweltschädliche Großbauprojekte war und ist für die Grillo-Bewegung das, was für die österreichischen Grünen die Besetzung der Hainburger Au zur Rettung des Nationalparks und für die deutschen Umweltschützer der Protest gegen die Wiederaufbereitungsanlage im bayrischen Wackersdorf oder die Bahnhofpläne Stuttgart 21 symbolisieren. In der von den reichen Regionen Norditaliens seit jeher geforderten Ausweitung ihrer Autonomie sehen die *5 Sterne* die Gefahr der Abkoppelung vom armen Süden des Landes, wo sie die meisten Wählerstimmen erhalten. Bei der Flat Tax, die Salvini in einem zweiten Schritt ohne Einkommensgrenze realisieren möchte, fordern die *5 Sterne* eine progressive Besteuerung der Reichen und großer Unternehmen. Dann ist die Steuer nicht mehr *piatta*, „flat", also flach, spottete Salvini abschätzig. Außerdem denkt er laut über einen neuerlichen Straferlass für Steuersünder nach, wenn ein Teil der hinterzogenen Summen nachgezahlt wird – schnelles Geld für die Staatskasse, aber ein absolutes No-Go für die Basis der *5-Sterne-Bewegung*, deren Schlachtrufe gegen Korruption und Steuerhinterziehung sie erst groß gemacht haben. Ähnliches gilt für die von der *Lega* geforderte temporäre Aufhebung der strengen Antikorruptionsbestimmungen bei der öffentlichen Vergabe der Infrastrukturarbeiten. Mit seinem Sicherheitsdekret 2, *Ddl sicurezza bis*, will der *Lega*-Chef sämtliche Maßnahmen zur „Migranten-Abwehr" in seinem Innenministerium zentralisieren. Dabei würden die Kompetenzen des bisher unprofessionell-glücklos agierenden Transportministers der *5 Sterne* ebenso beschnitten wie jene der Küstenwache und der Untersuchungsrichter bis hin zu einer „kommissarischen" Überwachung des Justizministers (ebenfalls *5 Sterne*). Alles verfassungswidrig, wird der Staatspräsident ohnedies nie unterzeichnen, lautete bisher die hilflose Reaktion des Regierungspartners.

Der Rechtsruck

Entgegen allen Unkenrufen gelang der Salvini-*Lega* und dem *Movimento 5 Stelle* in den ersten Monaten ein nahezu harmonisches Regieren. Ihre in vieler Hinsicht grundsätzlichen Differenzen wurden mit einer Art Tauschhandel übertüncht. Jeder der beiden konnte rasch einige seiner im Wahlkampf versprochenen Leuchtturm-Maßnahmen umsetzen: Salvini die verhasste Pensionsreform zumindest teilweise rückgängig machen, *Movimento*-Chef Luigi di Maio eine Schmalspurvariante des Bürgereinkommens beschließen. Vom Balkon des Ministeriums verkündete di Maio strahlend: „Ein historischer Moment – wir haben die Armut abgeschafft!" Der damalige Jubel seiner Anhänger ist längst verstummt, denn aus dem „Universaleinkommen" der *5 Sterne* wurde eine zeitlich begrenzte Mindestsicherung mit drakonischen Auflagen. Dann schluckte Salvini die Gewährung von Rechten und Anstellungsgarantien für prekär Beschäftigte, für die vielen Kleinunternehmer seiner *Lega* ein rotes Tuch. Dafür ließ di Maio Salvini wiederum vollkommen freie Hand bei der Schließung der Häfen für Schiffe der Flüchtlingshilfe-NGOs. Setzten sich die *5 Sterne* bei der Beschneidung von Politikerpensionen durch, mussten sie dafür auf den versprochenen Ausstieg Italiens aus der jahrelang bekämpften transadriatischen Gaspipeline TAP verzichten – Salvini rechnete ihnen vor, was die Aufkündigung der internationalen Abkommen kosten würde.

Waren die 5 *Sterne* rühriger beim Einbringen von Gesetzesvorlagen, etwa zur Korruptionsbekämpfung, so dominierte Salvini zusehends den öffentlichen Diskurs. Seine drakonischen Maßnahmen gegen Migranten und Flüchtlingshelfer stilisierte Salvini zum patriotischen Abwehrkampf, zum Kampf gegen „Soros und die Gutmenschen, die alle Illegalen zu uns nach Italien lenken wollen", zum Duell mit Macron, „von dem wir keine moralischen Lektionen tolerieren", zum Kampf gegen die EU, die von „uns Arbeitenden nur Opfer verlangt, obwohl wir Nettozahler sind", die aber – in der Tat – nicht bereit zur gerechten Verteilung der Flüchtlinge ist. Geschickt gelingt dem *Capitano* die propagandistische Vermengung von Migration, Kriminalität, Mafia und Drogenhandel, Gewalt gegen Frauen und „anpassungsunwilligen Roma". Alles wird zu einem einzigen Kreuzzug gegen das Böse und er als Innenminister zum martialischen Beschützer der braven Leute. Im Führungszirkel seiner Partei nur von Getreuen umgeben, macht Salvini oft den Eindruck eines „Ministers für alles", er kommentiert vom Weltgeschehen über die Wirtschaft und die Familiengesetze bis zum tragischen Brandunfall in der Disco täglich alles und jedes – nicht ohne gleich anzukündigen, was die Regierung umgehend dafür oder dagegen unternehmen wird. Ein leichtes Spiel, wenn man als Regierungspartner eine weitestgehend dilettierende Anfängertruppe hat.

Mit dem politisch vollkommen unerfahrenen Juristen Giuseppe Conte haben die Koalitionspartner einen Regierungschef ohne Hausmacht hingesetzt, eine Art Stoßdämpfer, Vermittler, bestenfalls Schiedsrichter. Keine nennenswerte Berufserfahrung besitzt Luigi di Maio, neben Salvini der zweite Vizepremier,

den die 5 Sterne auf fünf Jahre zum *capo politico* mit Allein-
herrscher-Vollmachten ernannt haben. Auch die allermeisten
Minister und Staatssekretäre der 5 Sterne hatten noch nie bedeutende politische Ämter inne oder Verantwortung als Ver-
walter, während Matteo Salvini seit 25 Jahren in der Politik ist
und auf ein Heer von erprobten Lokalpolitikern zählen kann.

Der Niedergang der *5 Sterne*

Die Unerfahrenheit ihrer gewählten Vertreter hat nicht nur mit
dem rasanten Aufstieg der *5-Sterne-Bewegung* zu tun – in neun
Jahren wurde sie von einer losen Protestbewegung zur stärksten Partei mit einem Drittel der Wählerstimmen –, sondern
auch mit dem ursprünglichen Selbstverständnis als „Nicht-
Partei" mit einem 20-Punkte-„Nicht-Statut", ohne lokale oder
regionale Führungsstrukturen und ohne ein einziges klassi-
sches Parteilokal. Die einzige Organisationsstruktur war bisher das Internet, das Netz.

Begonnen hat alles mit Beppe Grillo. Der aus Genua
stammende Komiker wurde durch die jahrelange Teilnahme
an Dutzenden wöchentlichen Unterhaltungssendungen der
öffentlich-rechtlichen RAI zum TV-Star. Im Lauf seiner Karriere wandelten sich seine Sketches von ulkig-humoriger Per-
formance zu sozialer und schließlich offen politischer Kritik.
Weil er deshalb im TV marginalisiert wurde, begann Grillo mit
eigenen Show-Abenden in Theatern und später auf den Plätzen der Städte, wo er die Menschen zu Tausenden anzog. Nach
einem dieser Show-Abende im Jahr 2004 ging ein Zuseher auf
den Komiker zu und bot ihm an: Ich kann dir eine Internet-
Seite kreieren, mit der du die italienische Politik verändern
wirst. Durch die direkte Demokratie könnten die Parteien und
Zeitungen überflüssig werden. Der Mann war niemand Geringerer als Gianroberto Casaleggio, öffentlichkeitsscheuer

IT-Fachmann und Kommunikationsberater, der für große Unternehmen wie Olivetti und Telecom gearbeitet hat. Er wurde zum engsten Freund und Partner Beppe Grillos und, wie viele meinen, eigentlichen Kopf des *Movimento*, mit dem Komiker als Sprachrohr und charismatischem Leader.

Der Blog beppegrillo.it stieg im internationalen Ranking schnell zu jenen mit den höchsten Follower-Zahlen auf. Grillo unterstützte Bürgerbewegungen, lokale Proteste gegen Großbauvorhaben, klagte die Korruption in Wirtschaft und Politik an. Zugleich entstanden in mehreren Städten die ersten *Meetup*, formlose Treffen von Followern des Grillo-Blogs in der realen Welt. Sie sind bis heute die einzigen lokalen Strukturen der Bewegung, allerdings ohne zentrale Koordinierung.

Den großen Sprung auf die nationale politische Bühne schaffte die Bewegung 2007 mit dem ersten *Vaffanculo Day* (wörtlich „Geh in den A...Tag). Unter dem Titel „Sauberes Parlament" sollten Unterschriften für ein Gesetz gegen die Korruption in der Politik gesammelt werden. In Wirklichkeit kam es in 180 Städten zu einem beeindruckenden Beweis, dass die Hunderttausenden Anhänger Beppe Grillos nicht nur im Internet existierten. Ein Jahr später wurde der *Vaffà Day* mit mehr als doppelt so vielen Menschen in 400 Städten zur Machtdemonstration, und 2009 gründeten Grillo und Casaleggio offiziell den *Movimento 5 Stelle*, um an Wahlen teilnehmen zu können. Vier Jahre später waren die *5 Sterne* bei den Parlamentswahlen schon stärkste Einzelpartei, im März 2018 schließlich mit fast 33 Prozent der Stimmen stärkste Kraft im Land.

In den ersten Jahren war Beppe Grillo offiziell der „Garant und *capo politico*" der Bewegung, juristisch-ökonomisch für den Blog verantwortlich. Inzwischen hat die Bewegung einen eigenen Blog angelegt, verwaltet von der *Casaleggio Associati*. Nach dem Tod Gianroberto Casaleggios ist sein Sohn Davide in seine Fußstapfen getreten. Er, Luigi di Maio als vor Kurzem gewählter *capo politico* und Beppe Grillo nur mehr als charisma-

tischer „Garant" sind in Wirklichkeit das derzeitige Führungs-
trio der *5 Sterne*. Alle wichtigen politischen Entscheidungen,
Kandidaturen bei Wahlen etc. werden „bei Bedarf" der Basis
zur Abstimmung im Blog vorgelegt. Abstimmungsberechtigt
sind registrierte Mitglieder. Nach der Schlappe bei den EU-
Wahlen stellte Luigi di Maio die Vertrauensfrage. Er wurde
mit 80 Prozent Zustimmung bestätigt. Insgesamt abgestimmt
hatten ca. 56.000 Mitglieder (bei 60 Millionen Einwohnern),
was als bisheriger Rekord gefeiert wurde. Zugleich kündigte
di Maio nach Konsultationen mit Casaleggio Junior und Grillo eine Reorganisation der Bewegung an. Schon in den letzten
Jahren hatte die Versammlung der Parlamentarier ein gewich-
tiges Wort mitzureden. Jetzt soll auch die dezentralisierte Präsenz in den Kommunen verstärkt, das Verbot, nach zwei Amts-
perioden noch einmal zu kandidieren aufgehoben und auch
die analog-reale Struktur der Partei verbessert werden – noch
stärker in Richtung einer Partei also.

Schwieriger wird wohl die inhaltliche Neuausrichtung
und Orientierung der Bewegung sein. Die 5 Sterne standen
ursprünglich für 5 Anliegen. Der erste Stern stand für die Rettung des öffentlichen Trinkwassers – richtete sich also gegen
die Privatisierung. Der zweite für den Ausbau des öffentlichen
Verkehrs, der dritte für die Entwicklung der Wirtschaft mittels
Forschung und neuer Technologien. Der vierte Stern galt dem
Versprechen des Ausbaus des Breitbandinternets mit einer
halben Stunde Gratis-Nutzung pro Tag – als Basis der direk-
ten Demokratie. Und der fünfte Stern stand für den Schutz der
Umwelt. Alles recht vernünftige Forderungen und Zukunftsvi-
sionen, die sich allerdings in der Regierungspraxis als schwer
durchsetzbar erwiesen – siehe Basistunnel oder Gaspipeline.
Den breiten Zuspruch der letzten Jahre erhielten die *5 Sterne*
aber vor allem durch ihre Kampagnen gegen die Korruption,
gegen die Privilegien der *Casta,* wobei sie zu dieser Kaste neben den Politikern auch die Eliten in Schlüsselpositionen und

die Entscheidungsträger der Gesellschaft insgesamt zählen. Und sie versprachen, nicht nur die wachsenden sozialen Ungleichheiten zu bekämpfen, sondern das Verhältnis zwischen Bürgern und Staat zu revolutionieren. Stärker einbezogen werden, mehr gehört werden, mehr mitreden – das allein genügte nicht, das Volk solle direkt, unmittelbar entscheiden. Deshalb sei das System der parlamentarischen Demokratie überholt, betonte Davide Casaleggio im Vorfeld der EU-Wahlen erneut, die direkte Demokratie per Internet sei die Zukunft.

Mit der *Lega* Salvinis verbindet die *5 Sterne* die radikale Anti-System-Rhetorik, die Berufung auf „das Volk", die Geringschätzung der Eliten und damit der „Bürokraten in Brüssel" sowie der politischen Spielregeln und Werte, die seit 1945 Basis der Demokratie und des westlichen Gesellschaftsvertrages waren. Im Unterschied zur nationalpopulistischen und ultrarechten politischen Vision Salvinis sind die programmatischen Vorstellungen des *Movimento* ebenso heterogen wie ihre Wählerbasis. Weder links noch rechts, sondern die Bedürfnisse und der Wille des Volkes seien entscheidend, lautet das Credo, erhoben von der IT-Gesellschaft *Casaleggio Associati* nach Marketing-Kriterien und beschlossen von ein paar Zehntausend registrierten Mitgliedern. In einem Jahr des gemeinsamen Regierens hat Salvini die Themenführerschaft übernommen, die *5 Sterne* täglich ausgebootet, an die Wand gespielt, am Nasenring vorgeführt. Resultat: Von den sechs Millionen Stimmen, die die *5 Sterne* bei der EU-Wahl verloren haben, wanderten zwei Millionen zur *Lega*, fast vier Millionen blieben zu Hause und nur ein Bruchteil kehrte zur Linken zurück. Jetzt ist Matteo Salvini, sozusagen auch von den Wählern legitimiert, der starke Mann im ungleichen Tandem.

Von der *Lega Nord* zur *Lega Salvini*

Schon mit der Namenswahl bei ihrer Entstehung Anfang der 1980er-Jahre positionierte sich die *Lega* unmissverständlich: *Lega Lombarda*. Entsprechend dem lateinischen *ligare* (verbinden, vereinigen, zusammenschließen) hatten sich erstmals in der Geschichte jene Aufständischen Mailands und der Lombardei *Lega Lombarda* genannt, die mit Waffengewalt gegen Kaiser Friedrich I. Barbarossa für die Beibehaltung ihrer Autonomierechte im römisch-deutschen Reich kämpften. Durch heldenhaften Einsatz konnten die Lombarden 1176 in Legnano bei Mailand die kaiserlichen Truppen besiegen und Barbarossa zur Flucht zwingen. Das Bildnis eines damaligen Anführers der Lombarden, Alberto da Giussano, in Ritterrüstung und mit gezücktem Schwert, ist Wappen und Parteilogo der *Lega*.

Auch inhaltlich definierte sich die wieder auferstandene *Lega Lombarda* als kämpferische Vorhut einer Region, eines in ihren Augen kulturell, wirtschaftlich, sozial, ja sogar ethnisch abgrenzbaren Volkes. Ähnliche Bewegungen waren seit Längerem in anderen Regionen entstanden, von der französischen Grenze im Westen bis nach Triest und in die Toskana. 1991 schlossen sich die *Lega Lombarda, Piemont Autonomista, Uniun Ligure, Lega Emiliano-Romagnola, Alleanza Toscana* und die *Liga Veneta* zur *Lega Nord* zusammen, behielten aber innerhalb der Partei organisatorisch und politisch eine gewisse Autonomie – eine föderal organisierte Regionalisten-Partei, wenn man so will. Zum Vorsitzenden – und aufgrund seines populistischen Charismas sehr bald auch unbestrittenen Chef – wurde Umberto Bossi, Gründer der *Lega Lombarda* und 20 Jahre lang die Nummer eins der neuen Partei. Abwechselnd nannte sie sich mit vollem Namen *Lega Nord Italia Federale* oder *Lega Nord per l'indipendenza della Padania* (Lega Nord für die Unabhängigkeit Padaniens), wobei unter *La Padania* das gesamte vom Po (lateinisch *padanus*) durchflossene norditalienische Gebiet von den französisch-italienischen Alpen bis an die Adria verstanden wird. Je nach politischer Konjunktur und den wechselhaften Partei- und Koalitionsbündnissen dominierten in den letzten drei Jahrzehnten abwechselnd die unterschiedlichen Seelen und Flügel der *Lega Nord*. Das reicht von radikal sezessionistischen Forderungen nach Loslösung von Italien bis zu moderaten Vorstellungen einer weitgehenden Steuer- und Verwaltungsautonomie.

Prima il Nord – Der Norden zuerst

Es wäre jedoch falsch, die *Lega Nord* lediglich als lokalistische, regionalistische oder föderalistische Bewegung zu sehen. Ihre Forderung nach mehr Unabhängigkeit von Rom oder gar vollständiger Loslösung war von Beginn an durch radikalen Anti-Südländer-Rassismus geprägt. Der Reichtum des Nordens sei Ergebnis der soziokulturellen Überlegenheit der dort lebenden Menschen, ihres Fleißes, ihrer Effizienz, ihrer Denk- und Lebensart. Das Wort Rasse vermied man, nicht jedoch den landläufigen Schimpfnamen für die Süditaliener, *terroni* (von *terra*, die Erde – also diejenigen, die die Erde bearbeiten). Die *terroni* seien eben arbeitsscheu, verschlagen, bestechlich usw. Bürokratie, Korruption, mangelnder Ordnungssinn, Kriminalität und Mafia, wirtschaftliche Rückständigkeit, Arbeitslosigkeit und Armut? Eine Folge der Wesensart. Nicht zufällig gilt als Chefideologe der *Lega Nord* der frühen Jahre Gianfranco Miglio, auch über Italien hinaus als Vordenker der „Neuen Rechten" bekannter Politikwissenschaftler und Übersetzer ins Italienische der Schriften des Faschismusbewunderers, NS-Staatsrechtlers und Antisemiten Carl Schmitt. Miglio hätte Italien gerne in drei bis fünf Makroregionen aufgeteilt gesehen, deren Zentralgewalt lediglich koordinierende Kompetenzen haben sollte.

Dementsprechend bildet der Widerstand gegen die staatliche Verwaltung, gegen das landesweite Netz der Präfekten sowie gegen die römische Regierung bis heute einen Hauptpfeiler der *Lega*-Ideologie. *Roma ladrona*, Rom, die Diebin, lautet seit Jahrzehnten der zweideutige Klageruf. Einerseits Diebin, weil die Zentralregierung den reichen Norden durch Steuern und Gebühren aussauge, um den verkommenen Süden durchzufüttern, andererseits weil die in Rom schaltenden und waltenden Politiker durchwegs korrupt seien. Womit wir beim zweiten Pfeiler der *Lega*-Propaganda sind, der deklarierten Feindschaft gegen das Establishment. Die *Lega Nord* unter Umberto Bossi verschmolz Anti-Etatismus und Anti-Zentralismus geschickt mit dem Mythos eines angeblichen *popolo padano*.

Dieses padanische Volk, das sind die arbeitsamen, rechtschaffenen, einfachen Leute, mit dem Land verbunden und die traditionellen Werte wie Familie und Moral hochhaltend. In Sachen Homoehe, Leihmutterschaft, Abtreibung, Sterbehilfe oder Drogen (ausgenommen Alkohol natürlich) ist die *Lega* seit jeher erzkonservativ. Geradezu extrem wird die Ablehnung, wenn es um Migranten, besonders um Afrikaner, Asiaten und Muslime geht. Einwanderer aus christlich-katholischen Ländern will man sich aussuchen können – sie dienen ja immerhin dem Erhalt des Abendlandes. *Law and order*, hartes Durchgreifen gegen Kriminelle und härtere Strafen, gehören ohnedies zur DNA der *Lega*-Weltsicht.

Zur Stärkung der padanischen Identität und als Demonstration der Kampfentschlossenheit hat die *Lega Nord* auch die „Grünhemden" geschaffen, in der Parteifarbe Grün uniformierte Freiwilligen-Milizen (fast ausschließlich Männer), die bei Veranstaltungen und Aufmärschen für Ordnung, Gesang und Applaus sorgen, aber auch als unbewaffnete Bürgerwehren nach dem Rechten sehen. Auch eine eigene, weil den Bürgern nähere Regionalpolizei gehört zu den langjährigen Forderungen. Wirkliche und echte Volksnähe suggeriert aber die populistische, häufig vulgäre Sprache der *Lega*-Exponenten, allen voran ihres Langzeit-Anführers Umberto Bossi. Legendär ist Bossis Beteuerung *„io ce l'ho duro!"* („meiner ist steif!") mit dazu passend ausgestrecktem Arm, auf der Rednertribüne, vor laufenden TV-Kameras. Dass die Lombarden bei der Vergabe von Sozialwohnungen Vorrang vor den *Bingo Bongos* (Migranten) haben sollen, und die Empfehlung, die Trikolore, also die Staatsfahne, ins Klo zu werfen, gehörten ebenso zum Standardrepertoire Bossis wie der erhobene Mittelfinger, wenn von Kritik politischer Gegner die Rede war. Und immer wieder gab es die Drohung, die Lombarden seien bereit, auf den Plätzen und Straßen gegen den Zentralismus des „faschistischen" Staates zu kämpfen. Obwohl antikommunistisch und gegen alles Linke eingestellt, hat Bossi – im Unterschied zu Matteo Salvini heute – immer Respekt und Sympathie für die *Resistenza*, den bewaffneten Widerstand gegen Mussolini und die deutschen Besatzer, gezeigt und sich als entschiedener Antifaschist bezeichnet. Was ihn allerdings nicht daran hinderte, 1994 gemeinsam mit den von Silvio Berlusconi salonfähig gemachten und zu diesem Zweck formal geläuterten Neofaschisten des *Movimento Sociale Italiano* in die erste Regierung Berlusconi zu gehen. Insgesamt saß die *Lega Nord* knapp neun Jahre in den verschiedenen Regierungen Berlusconis und konnte seit Anfang der 1990er-Jahre vom Piemont bis zum Veneto auf kommunaler und regionaler Ebene zur vorherrschenden politischen Kraft avancieren.

Der Sündenfall der Saubermänner

Durch einen Herzinfarkt und einen Schlaganfall schon sehr geschwächt, musste Umberto Bossi 2012 nach einem spektakulären Skandal um betrügerische Parteienfinanzierung,

Veruntreuung und Bilanzfälschung endgültig abtreten. Bossi hatte seinen Söhnen und einer engen Vertrauten mehr als eine halbe Million Euro aus der Parteikassa zukommen lassen. Viel folgenreichere und für das Ansehen der selbst ernannten „Partei der Anständigen" katastrophale Finanzpraktiken brachten allerdings gerichtliche Untersuchungen zutage. So gestand der Parteikassier Francesco Belsito, über die Jahre rund neun Millionen Euro aus dem Topf der staatlichen Wahlkampfkosten-Rückerstattung für undurchsichtige Finanzoperationen in Zypern, Norwegen und Tansania verwendet zu haben. Außerdem waren die Spesenbelege, die dem Parlament zwecks Refundierung der Wahlkampfkosten vorgelegt werden müssen, in großem Ausmaß gefälscht. Belsito wurde als Sündenbock geopfert und gerichtlich verurteilt. Aber nach dessen Abgang sollen sich noch immer rund 40 Millionen Euro in der Parteikasse der *Lega Nord* befunden haben, von denen jetzt jede Spur fehlt. Die Gelder seien in der Zeit der Bossi-Nachfolger Roberto Maroni und dann Matteo Salvini „aufgebraucht" worden. Die Gerichte untersuchen derzeit den Fluss von zehn Millionen Euro der *Lega*-Gelder via Südtiroler Sparkasse Bozen in den Vermögensverwaltungsfonds „Pharus Management" mit Sitz in Luxemburg. Salvini beteuerte wiederholt, die Gelder seien weder in Luxemburg noch in der Schweiz noch in Italien, sondern einfach für Parteiaktivitäten ausgegeben worden. Jedenfalls hat sich die *Lega* in einer gerichtlichen Vereinbarung verpflichtet, dem italienischen Staat knapp 49 Millionen Euro zurückzuerstatten – auf Raten, innerhalb von 76 Jahren.

Matteo Salvini:
Der neue starke Mann

Anarcho-Linker, Kommunist, radikaler Rechter

Das renommierte *Time Magazine* hat Matteo Salvini für 2019 in seine Liste der 100 einflussreichsten Personen der Welt aufgenommen – gemeinsam mit Papst Franziskus, Xi Jinping, Donald Trump, IT-Milliardär Mark Zuckerberg, Entertainment-Stars wie Lady Gaga oder Spike Lee, der lebenden Golflegende Tiger Woods, der jungen Umweltaktivistin Greta Thunberg, aber auch gemeinsam mit dem brasilianischen Präsidenten Jair Bolsonaro. Denn das Auswahlkriterium bei *Time 100* lautet: am einflussreichsten – im Guten oder im Schlechten. Zu jeder gelisteten Persönlichkeit veröffentlicht *Time 100* eine Kurz-Laudatio. Im Fall Salvini durfte sein amerikanischer Gesinnungsgenosse Steve Bannon, Ex-*Breitbart*-Chef und Ex-Trump-Berater, die neue „Lichtgestalt" am europäischen Polit-Himmel würdigen:

„Vorbei ist die Zeit, in der Brüssel die Einwanderungspolitik diktiert, vorbei die Zeit, in der die ‚Davos-Partei' über Italiens Souveränität bestimmt, vorbei die Zeit, in der die europäischen Eliten den italienischen Bürgern den Mund verbieten. Mit Matteo Salvini ist Italiens nationaler Stolz wieder auferstanden. Seine [...] Vision war die Bildung einer Regierung mit der Anti-Establishment-Bewegung *5 Sterne*. Damit vereinte er erstmals in einer bedeutenden Industriemacht die Rechte und die Linke, die Populisten und die Nationalisten."

Laut Bannon könnte Salvini schon bald eine der mächtigsten Persönlichkeiten Europas werden. Dabei hat der 1973 als Sohn eines Mailänder Unternehmensleiters und einer Hausfrau geborene Matteo Salvini seine Sozialisierung und Politisierung als Gymnasiast im berühmt-berüchtigten *Centro Soci-*

ale Leoncavallo erfahren. „Ja, zwischen 16 und 19 war ich viel im *Leoncavallo*. Dort fühlte ich mich wohl, die Ideen gefielen mir", bestätigte der heutige *Lega*-Chef später. Das *Leoncavallo* ist eines der bekanntesten *centri sociali* des Landes, wurde 1975 gegründet und existiert nach mehreren Umsiedlungen noch heute in besetzten Gebäuden. Die Ideen und Aktivisten der selbstverwalteten Sozial- und Kulturzentren reichen von linksalternativ, anarcho-autonom bis antirassistisch, grün und queer. Als es 1994 zu gewaltsamen Auseinandersetzungen zwischen der Polizei und Tausenden Demonstranten wegen der versuchten Räumung des *Leoncavallo* kam, verteidigte Salvini als frischgebackener Gemeinderat der *Lega Nord* vor dem Bürgermeister (ebenfalls von der *Lega Nord*) und der versammelten Stadtregierung die Jugendlichen. Deren Anliegen seien berechtigt, ein paar gewaltbereite Teilnehmer hätten sich provozieren und instrumentalisieren lassen.

Noch überraschender und außerhalb Italiens wenig bekannt: Salvini war 1996/97 auch Gründer und Anführer eines *Movimento Comunista Federalista Padano*, meist einfach *Comunisti Padani* genannt. Hammer und Sichel im Logo wurden schon bald mit einem P für Padania verschmolzen, blieben aber trotzdem klar als das traditionelle Kommunisten-Symbol erkennbar. Bis heute verteidigt Salvini seine damalige Bewegung. Es sei darum gegangen, alle sozialen Schichten des „padanischen Volkes" zu vereinen, eben auch die Arbeiter und Unterprivilegierten. In ihren jungen Jahren waren etliche *Lega-Nord*-Größen in der Linken aktiv. Selbst der *Lega*-Gründer Umberto Bossi hatte 1974/75 das Parteibuch des PCI, also der Kommunisten unter Enrico Berlinguer, während Bossis Interimsnachfolger und mehrmaliger Minister Roberto Maroni Mitglied der außerparlamentarischen, marxistisch-leninistischen *Democrazia Proletaria* war. Damit waren alle drei Parteichefs der *Lega* seit deren Gründung in jungen Jahren der Linken nahe. Als Listenführer der *Comunisti Padani* zog der schon seit vier Jahren im Mailänder Gemeinderat sitzende Salvini 1997 denn auch in das *Parlamento Padano* ein – eine Art Schattenparlament ohne legale Kompetenzen –, wurde gleichzeitig zum Chef der Mailänder *Lega* und nur ein Jahr später Chef der *Lega Nord* für die gesamte Lombardei.

Seine Bekanntheit und den raschen Aufstieg verdankte der Studienabbrecher nicht zuletzt seiner Arbeit „als Journalist", wie er bis heute betont, bei der Tageszeitung *La Padania* und beim *Lega*-Radiosender *Radio Padania Libera*. Dass Matteo Salvini zur damaligen Zeit gemeinsam mit der Linken für die Legalisierung der leichten Drogen eintrat, während er im Frühjahr 2019 als Innenminister angekündigt hat, selbst jene Shops, die THC-freie Marihuana-Produkte vertreiben, zu verbieten, ist nur eine seiner vielen Zick-Zack-Wendungen. Unverändert und offenbar tief sitzend ist hingegen Salvinis rassistische Haltung gegenüber der Roma-Minderheit. Schon 2008 meinte er als Reporter von *Radio Padania Libera* nach der Räumung einer Roma-Siedlung: „Ja, die Ratten sind leichter loszuwerden als die Zigeuner." Die Tonaufnahme der Reportage ist nach wie vor im Internet abrufbar, ebenso sind es die Videoaufnahmen, die den inzwischen schon zum EU-Parlamentarier aufgerückten Salvini mit Anhängern 2009 beim Feiern zeigen. Biergläser schwenkend singen sie im Chor: „Riecht nur, wie es stinkt, wie es stinkt – Achtung da kommen die Neapolitaner ..." und weiter *„Napoli merda, Napoli cholera, sei la vergogna dell'Italia intera"* („Neapel Scheiße, Neapel Cholera, du bist die Schande ganz Italiens"). Das Video sorgte für Aufsehen, ebenso die zur selben Zeit von Salvini geforderte Schaffung eigener, nur für Mailänder reservierter Waggons in der U-Bahn und Sitzplätze in den Bussen. Die Kritiker derartiger Vorkommnisse quittierte Salvini mit verächtlichem Gegenangriff – alles nur Geschrei linker Gutmenschen. Seiner Karriere als Parlamentarier, EU-Abgeordneter und innerhalb der Partei konnten sie nichts anhaben. Im Gegenteil, das schärfte sein Profil, und mit jeder Provoka-

tion stieg seine Bekanntheit, bis mit dem Skandal um die veruntreuten Partei-Millionen der schon kranke Übervater Umberto Bossi gehen musste. Die Stunde Salvinis war gekommen.

Prima gli italiani, Italiener zuerst – Salvinis neuer Kurs

Bei den Parlamentswahlen im Jahr 2013 erlitt die *Lega Nord*
infolge des Skandals um die veruntreuten Parteigelder eine
schwere Schlappe, ihr Stimmenanteil wurde von 8,3 auf 4,3
Prozent halbiert. Trotzdem blieb die Partei in vielen Städten
und den reichsten Regionen des Nordens in der Regierung,
meist in Koalitionen mit Berlusconis *Forza Italia*. Obwohl als
Kandidat für die römische Abgeordnetenkammer erfolgreich,
trat Salvini sein Amt nicht an, sondern blieb Abgeordneter im
EU-Parlament. Anlässlich eines von der *Lega Nord* organisierten *No Euro Day* erklärte er: „Der Euro ist ein Verbrechen gegen
die Menschlichkeit [...] und hat schlimmere Massaker ange-
richtet als die Panzer der Nazis."

Im Dezember 2013 wurde Salvini mit 82 Prozent der Dele-
giertenstimmen zum neuen Parteichef gewählt und skizzierte
die neue Linie mit den Worten: „Unsere Priorität auf internati-
onaler Ebene ist es, den Euro zum Bröckeln zu bringen und Europa neu zu gründen. Deshalb sagen wir Ja zu Bündnissen mit
den einzigen, die keine Euro-Idioten sind: mit den Franzosen
der Le Pen, den Holländern Wilders', den Österreichern Möl-
zers, mit den Finnen, also mit den Kräften eines Europas der
Vaterländer." Nur wenige Monate später gab Salvini bekannt,
dass die *Lega Nord* zum einzigen offiziellen Ansprechpartner
des *Front National* in Italien geworden sei. Marine Le Pen sei
ihm Vorbild, ihre Politik wegweisend. Das zeigte sich schon
bald in der neuen politischen Ausrichtung der *Lega Nord*. Die
Slogans gegen die süditalienischen *terroni* wurden durch jene

gegen die *negri*, die illegalen Einwanderer, und gegen die muslimischen „Terroristen" ersetzt. George Soros, Davos und die Bilderberger tauchten in den Reden immer häufiger als „die Feinde der Vaterländer" auf, die Finanzmächte und die Bankiers als die Strippenzieher einer EU, die zum Gulag für die Völker Europas geworden sei. Das *Prima il Nord* wurde zum *Prima gli italiani*, die Italiener zuerst.

Den Kurswechsel von der padanisch-sezessionistischen Partei des Nordens hin zur Partei aller Italiener, ja zur Rettung der nationalen Interessen ganz Italiens, betrieb Matteo Salvini ohne formellen Bruch mit der Tradition der *Lega Nord*, ohne außerordentlichen Parteitag, ohne Formulierung eines neuen Programms. Das Wort „Padanien" verschwand einfach aus dem Parteilogo und wurde inzwischen durch „Salvini" ersetzt, statt gegen das „diebische Rom" wurde der Kampf jetzt gegen die regierende Linke unter dem anderen Matteo, nämlich Matteo Renzi, gerichtet. Um die schwere Imagekrise zu überwinden, versetzte Salvini die Partei in einen permanenten Kampagnenmodus: da eine Großdemonstration gegen die illegale Einwanderung, dort eine gegen den Bau einer Moschee und immer wieder gegen die linke Regierung. Vor allem aber bediente sich der junge Parteichef gekonnt der neuen Kommunikations- und Propagandamittel in den sozialen Medien und eines populistischen Stils, dem italienische Kommentatoren gar schon den Titel *Salvinismo* gegeben haben. Oder, wie es Steve Bannon im ersten Satz seiner schon erwähnten Laudatio für *Time 100* beschrieb: *„He came, he saw, he Facebooked—live."*

Der *Salvinismo* – mehr als nur ein Stil

Zum unbestrittenen Star der sozialen Medien wurde Matteo Salvini nur halb freiwillig. Nach dem Absturz der skandalgebeutelten *Lega Nord* bei den Wahlen 2013 waren die Parteikassen leer. Die Hälfte der parteieigenen Immobilien in Mailand wurde verkauft, ebenso die Zeitung *La Padania* und die Frequenzen des *Radio Padana*, die Mitarbeiter wurden entlassen. Die verbliebenen Mittel investierte der damals 40-jährige Parteichef in die Internet-Präsenz der *Lega* und holte dafür zwei Profis an Bord: Luca Morisi und Andrea Paganella. Die beiden hatten als Köpfe einer Web-Berater-Firma einen guten Namen in der Branche und standen der *Lega Nord* nahe. Morisi wurde sehr schnell Salvinis Kommunikationschef und Paganella avancierte zum Kabinettschef im Innenministerium. Beim Start 2013 hatte Matteo Salvini ganze 18.000 Follower auf Facebook, im Frühjahr 2019 waren es 3,6 Millionen, 1,4 Millionen auf Instagram und immerhin 1,1 Millionen auf Twitter. Italienweit gibt es nur eine Facebook-Seite, die Salvini zahlenmäßig übertrifft, jene der Tageszeitung *La Repubblica*. Flankiert wird Salvinis persönliche Social-Media-Präsenz von einem Dutzend Web-Formaten der Partei.

Sich selbst bezeichnet Luca Morisi auf Twitter so: „Digital philosopher und Social-Megaphon, kümmere mich fast 24/7 um die Kommunikation des *Capitano*." Auch den inzwischen von allen – anhimmelnd oder sarkastisch – verwendeten Titel *Capitano* hat Morisi erfunden, und die vom Digital-Guru aufgebaute Propagandamaschine mit Dutzenden „freien" Mitarbeitern wird allgemein nur mehr *la bestia*, die Bestie, genannt und aus dem Innenminister-Budget finanziert. Für ihre Arbeit gelten die „zehn Gebote Morisis": Es muss immer so aussehen, als würde jeder Post von Salvini selbst geschrieben; es dürfen keine Pausen entstehen, aktuelle Ereignisse müssen sofort kommentiert werden; immer die Wir-Form benutzen, niemals die Ich-Form; immer dieselbe Schreibweise und Gestaltung bis hin zu den Symbolen und Emojis verwenden; Kommentare und Rückmeldungen müssen gelesen und wahlweise beantwortet werden; Slogans und Schlagworte bewusst immer wiederkehrend verwenden, damit sie sich etablieren; regelmäßig die Grenze zwischen Politischem und Nicht-Politischem bis hin zu Privatem Salvinis verwischen – und alles muss von einer Welle von Likes, Herzchen und Smileys umrahmt werden. Zudem werden regelmäßig die Meinungen der Nutzer zu den verschiedensten Fragen eingeholt – Volkes Stimme sozusagen. Damit wird nicht zuletzt eine Erfassung und Zählung der Nutzer ermöglicht. Laut italienischen Medienrecherchen hat gerade das Studium seiner Facebook/Instagram/Twitter-Follower Salvini und seine Berater darin bestärkt, auch physisch die Auftritte im Süden Italiens auszuweiten – mit Erfolg.

Natürlich werden sämtliche Aktivitäten des *Capitano* per Livestream auf Facebook gesendet, sei es das Bad in der Menge der Anhänger oder Schaulustigen bei Großveranstaltungen, der Besuch bei den protestierenden sardischen Milchbauern, die Visite einer Feuerwehr- oder Carabinieri-Einheit oder der Auftritt am Tatort eines von ausländischen Drogendealern begangenen Mädchenmordes. Und je nach Anlass ändert Salvini mehrmals am Tag sein Outfit. Immer in Jeans und Turnschuhen, aber Jacke und Kopfbedeckung wechseln vom Bauarbeiter-Helm zum Sport-Blouson mit großer „Italia"-Schrift oder dem Namen der Stadt, in der er sich befindet, zur Feuerwehruniform. Bevorzugt trägt der Innenminister echte Windjacken, Blousons und Pullover der Polizei mit entsprechend großer *Polizia*-Aufschrift. Neben Dauerwinken, Händeschütteln und Kusshänden ist Salvini vor allem ein Selfie-Champion. Wo immer er auf Menschen trifft, ob organisiert oder spontan, gewährt er bereitwillig und freudig mehrere Dutzend Handy-Schnappschüsse, immer munter lächelnd, immer mit einem siegessicheren *„andiamo avanti"*, „wir marschieren vorwärts", auf den Lippen. Ein Ritual, das gegnerische Jugendliche mittlerweile schon mehrmals für Protest oder Hohn nutzten. Sie schalteten ihr Handy auf Videoaufnahme und sagten Kopf an Kopf mit dem *Capitano* Dinge wie „Wo sind denn die 49 Millionen?", oder „Sie sind wirklich das Letzte", zwei junge Mädchen küssten sich auch demonstrativ als Protest gegen Salvinis ständige Pöbeleien gegen die LGBT-Community. Solche Aktionen fanden natürlich im Netz virale Verbreitung, ebenso Aufnahmen der bei weiteren derartigen Vorfällen einschreitenden Polizei bei der Beschlagnahme der Handys der Jugendlichen.

Der digitale *Capitano* als „Influencer"

Ebensolche Klick-Quotenhits sind die täglichen Twitter-Fotos, die den *Capitano* als ach so menschlichen – und vor allem echt italienischen – Mann aus dem Volke zeigen, belegt durch seine Vorliebe für ganz einfache, traditionelle Speisen, Getränke und Schleckereien. Legendär das Bild von seinem gierigen Biss in ein mit Nutella bestrichenes Toastbrot, altmodische Kücheneinrichtung im Hintergrund und mit dem Kommentar: „Mein Sankt-Stephans-Tag beginnt mit Brot und Nutella. Und eurer?" Ein anderes Foto zeigt lediglich zwei Spiegeleier mit gebratenem Schinken. Kommentar: „Heute beginnen wir so. Schönen Sonntag, Freunde!" Schon ausführlicher dann das Mittagessen mit dem Foto eines dampfenden Nudelgerichts: „200 Gramm Barilla-Bucatini, dazu ein bisschen Ragù Star und ein Glas Barolo von Gianni Gagliardo. Guten Nachmittag, Freunde!" Ein Tiramisù zu Mitternacht, die Pizza natürlich mit Salami und viel Zwiebel, das Kotelett muss schön fettig sein, die Nudeln mit Käsesauce deftig, Eis von der Sorte cookies&cream … Nach dem Motto „einfach, so wie wir es als Kinder bekommen haben" zeigt sich Salvini gern und betont dabei, dass er, wann immer möglich, italienische Produkte konsumiere, ob frisch oder aus der Dose. Das schaffe schließlich Arbeitsplätze. Kritiker fragten schon zynisch, wie viel Tantiemen Salvini für seine Werbeaktivitäten erhalte, weil er bewusst die Marken sämtlicher Produkte ins Bild rückt oder erwähnt. Nein, es dient natürlich alles nur der guten Sache, dem Wohle Italiens und der Nähe zum Volk.

Unbestrittener Höhepunkt der digitalen „Matteo zum Anfassen"-Strategie sind allerdings Salvinis tägliche Livestream-Auftritte auf Facebook. Das kann mehrmals am Tag für ein paar Minuten geschehen – aus dem Auto, vom Büro aus oder von der Dachterrasse des Ministeriums –, aber jedenfalls zwei- bis dreimal wöchentlich 20 bis 30 Minuten am Stück. Das sind dann wirkliche Meisterstücke der Soloperformance, die als Dialog mit den 3,6 Millionen Anhängern angelegt ist. „Guten Abend wünsch ich allen Freunden, die jetzt live dabei sind! Ja, wir sind zwar eine große Gemeinschaft, aber doch auch eine Familie. Heute haben wir wieder viel erreicht [...]" Salvini spricht dann vom „immensen, aber befriedigenden Arbeitspensum", vom Kampf für die Sicherheit der Bürger und für mehr Arbeitsplätze, „wenn die in Brüssel uns nicht wieder gängeln mit ihren Vorschriften und Diktaten", von den Interessen Italiens und der Italiener, die er täglich entschlossen vertrete. Und nach jedem dritten Satz ein Seitenhieb auf die linken *„professoroni, intellettualoni, risiconi, buonisti"*, also in etwa die hochnäsigen Professoren, Intellektuellen, die Neider und Gutmenschen – meist beim Namen genannt, dazu noch jene einiger Linkspolitiker. Dabei klingt Salvini nie aggressiv, sondern schnoddrig, herablassend, spöttisch, selbstsicher – im Ton eher als stünde er mit den Facebook-Followern am Tresen in einer Bar mit einem Glas Bier in der Hand. Dabei landen die Seitenhiebe auf die Gegner dann doch immer knapp unter der Gürtellinie. *Bullismo* nennen das die Italiener, was oft fälschlicherweise mit Mobbing übersetzt oder gleichgestellt wird. Nein der *bullismo* ist männlich, typisch für raues Machogehabe im Stadtteil, im Wirtshaus, im Fußballstadion und immer häufiger an den Schulen. Seinen lockeren Redefluss mit vielen umgangssprachlich-dialektalen Einsprengseln unterbricht der *Capitano* nur, um die am Handybildschirm offenbar erscheinenden Schrift-Messages zu honorieren: „Sì, grazie Maria Teresa, grazie Paolo, ganz richtig Gianni – wir machen weiter,

wir lassen uns nicht von unserem Weg abbringen ..." Und dann
geht es weiter mit Lob für seine Schließung der Häfen, wodurch so gut wie kein einziger Illegaler mehr ins Land komme,
ganz gegen den Willen jener, die „unsere Türen für halb Afrika
öffnen möchten".

Die Macht des Augenblicklichen, der Unmittelbarkeit

100 Forscher von 50 europäischen Universitäten unter der Leitung des römischen Professors Edoardo Novelli haben Ausmaß und Wesen der Werbespots der wichtigsten Parteien und
Listen für die EU-Wahl 2019 im Zeitraum vom 28. April bis zum
15. Mai 2019 EU-weit untersucht. Erstaunliches Ergebnis: Mit
seinen 2500 Parteien-Spots und Videos in nur 17 Tagen war
Italien der absolute Spitzenreiter des Rankings und die Zahl
der Messages zwei- bis dreimal so groß wie in den übrigen
27 EU-Ländern. Und innerhalb Italiens produzierte die *Lega*
allein mit 1390 Spots und Messages mehr als die sechs wichtigsten konkurrierenden Listen. Neben der Anzahl der ins Netz
gestellten Botschaften und der gezählten Nutzer-Klicks oder
Reaktionen (von denen ein Großteil ja auch von automatisiert
arbeitenden Trolls stammen könnte) sind zwei weitere Phänomene von vielleicht noch größerer Tragweite.

Erstens ist es längst allgemeine Praxis, dass nicht nur Salvini, sondern vor allem auch die führenden Regierungspolitiker
der *5-Sterne-Bewegung* politisch relevante Kundmachungen,
Ankündigungen und politische Statements direkt über die So-
cial-Media-Plattformen aussenden. Das führt nicht selten zu
einem Ping-Pong-Schlagabtausch selbst zwischen den Koaliti-
onspartnern, eigenhändig gefilmt und augenblicklich ins Netz
gestellt. Das hat zweitens zur Folge, dass sämtliche klassischen
Medien – öffentlich-rechtliche und private TV- und Radiosen-

der, Zeitungen und besonders die Internetseiten dieser klassischen Medien – die ursprünglichen Partei- und Politikerbotschaften übernehmen und verbreiten. Sie können es sich einfach aus Gründen der Konkurrenz nicht leisten, sie zu ignorieren, und fungieren damit als starke Multiplikatoren. Damit ist die augenblickliche, unmittelbare Kommunikation perfekt. Ohne Filter, ohne kritische Fragen, ohne Überprüfung des Gesagten und Behaupteten kommunizieren die Regierenden mit den Bürgern – und diese zurück, durch Likes, durch Kommentare, auch durch Beschimpfungen. Diese Reaktionen werden von *la bestia* des Herrn Morisi im Innenministerium genauestens erfasst und ausgewertet, um – im besten Fall – aus diesem Widerhall wiederum neue Strategien der Politik und Kommunikation abzuleiten. Auch das ist eine Form des „dem Volk aufs Maul schauen".

Der fliegende *Capitano* vom Mars

Neben der Rund-um-die-Uhr-Präsenz auf Facebook, Instagram und Twitter schaut und tönt Salvini natürlich tagtäglich mehrmals und dreimal so oft wie seine Widersacher aus allen klassischen Medien, den Radio-Frühsendungen, den stündlichen Nachrichten und vor allem den unzähligen Talkshows des in Italien ohnehin nicht mehr überschaubaren Mediendschungels. Aber damit nicht genug. Im Unterschied zum konkurrierenden Koalitionspartner *Movimento 5 Stelle* ist die *Lega* eine traditionelle Partei. Vor allem im Norden, aber zunehmend auch in Mittelitalien, gibt es die guten alten Parteisektionen, Hunderte Vertreter in den Gemeinde- und Regionalräten, Tausende Aktivisten. Dieses Feld pflügt der *Capitano* ebenso intensiv wie die virtuelle Fan-Gemeinde.

Die Tageszeitung *La Repubblica* hat in penibelster Recherche berechnet, dass Salvini in den ersten viereinhalb Monaten 2019 ganze 211 Auftritte absolviert hat. Einweihungen, Eröff-

nungen, Zelebrationen, Unternehmerkongresse, Handwerker-
tagungen, Weinmessen, Polizeischulen, Feuerwehrübungen
– und natürlich am laufenden Band Wahlveranstaltungen,
Zusammenkünfte, Feiern und Feste der Partei, seiner *Lega*.
An seinem Amtssitz, dem Innenministerium im Palazzo Chi-
gi, dem neuralgischen Zentrum der Leitung und Koordination
der Sicherheitskräfte, hat der Innenminister hingegen in dieser
Zeit insgesamt nicht mehr als 17 Tage verbracht. Von Journalisten darauf angesprochen, wollte Salvini die Zahlen gar nicht
dementieren, sondern konterte: „Ich werde von den Italienern
dafür bezahlt, dass ich mehr Polizisten einstelle, Überwachungskameras installiere, Feuerwehrleute aufstocke und die
Kriminellen bekämpfe. Die Kriminalität ist um 15 Prozent ge-
sunken – also weniger Einbrüche, weniger Raubüberfälle, weniger Sexualverbrechen, weniger Morde, und die Ankünfte von
Migranten per Schiff sind um 90 Prozent zurückgegangen. Ich
sorge für sichere Straßen, sichere Schulen, sicheres Meer, mit
mir gibt es mehr Überwachungskameras in den Kindergärten
gegen Misshandlungen und aktive Pensionisten als Lotsen vor
den Schulen. Ich löse die Probleme. Und ob ich diese Probleme
vom Ministerium aus löse oder vom Mars, macht das für Sie einen Unterschied? Oder hätten Sie lieber, dass ich 16 Stunden in
meinem Büro sitze und Sky-TV schaue? Ich treffe Polizeichefs,
Bürgermeister, Unternehmer – ich hab keine Lust, im Ministerium angenagelt zu sein. Solche Minister hat es vor mir schon
zur Genüge gegeben." Weil der quirlige Minister für seine hek-
tischen Reisen – bis zu vier Flüge am Tag quer durchs Land –
sehr häufig die „Maserati der Lüfte" genannten, modernsten
Polizeihubschrauber nutzt (Kostenpunkt 5000 Euro pro Stunde), untersucht der Rechnungshof jetzt die Reisetätigkeiten des
„fliegenden *Capitano*", wie die Medien spotten. Aber der Stab
Salvinis ist natürlich schlau genug, jeden Wahlkampfauftritt
mit einem amtlichen Schritt zu verbinden – und wenn es nur
ein kurzes Händeschütteln mit dem lokalen Präfekten ist.

Tabubruch als Methode

Ob in seiner Jugend durch die Frequentation der *centri sociali* oder mit der Liste *Comunisti Padani* innerhalb der *Lega*, ob mit der Aufforderung, die Staatsfahne ins Klo zu werfen oder durch seine Weigerung, als Mailänder Gemeinderat dem Staatspräsidenten Ciampi die Hand zu reichen („Sie vertreten mich nicht") – Matteo Salvini hat sich immer gerne als provokanter Revolutionär gebärdet. Und selbst als Innenminister und Vize-Regierungschef demonstriert er nicht nur bei jeder Gelegenheit die Ablehnung des Establishments, sondern setzt sich bewusst über die Usancen und Verhaltensregeln „des Systems" hinweg. So zum Beispiel bei seinem von Kameras begleiteten Besuch in einem Gefängnis. Er ging dort nicht etwa hin, um sich über die Sicherheitsvorkehrungen und die Lage der Häftlinge zu informieren. Nein, es war ein Solidaritätsbesuch für einen Autoreifenhändler. Dieser hatte nach mehreren Einbrüchen auf nächtliche Diebe geschossen und dabei einen von ihnen getötet. Die Solidaritätsvisite des Innenministers erfolgte nicht zufällig zeitgleich mit der Parlamentsdiskussion über das von der *Lega* inzwischen durchgeboxte Gesetz über die „legitime Selbstverteidigung". Sofern sie im eigenen Haus oder Geschäft stattfindet, ist nun auch die Tötung straffrei, sofern der Schießende glaubhaft machen kann, dass er „sich bedroht und deshalb emotional perturbiert, gestresst" fühlte. Und zum Beweis, dass auch die *Lega* sich mit allen Mitteln zu wehren weiß, erschien ein Foto Salvinis bei einer Waffenmesse, mit einem Maschinengewehr in der Hand. Auf Facebook textete *La-Bestia*-Kommunikationschef Morisi dazu: „Habt ihr gemerkt, dass man alles tut, um die *Lega* in den Dreck zu ziehen? Aber wir sind bewaffnet und mit Helmen ausgerüstet."

Antifaschistischer Konsens? Nicht mit mir

Sich auf der Tribüne im Fußballstadion beim Spiel Juventus-Milan im Blouson der Marke „Pivert" zu zeigen, ist Signal. So wie die amerikanischen Motorrad-Gangs ihre „colors" haben, gehört die „Pivert"-Jacke zum Outfit der Neofaschisten von *CasaPound*, produziert und vertrieben vom selben Francesco Polacchi, dessen Verlag mitsamt seinem Salvini-Interview-Buch 2019 von der bedeutendsten italienischen Buchmesse ausgeschlossen wurde. Auch stolz lächelnd gemeinsam mit einem mehrfach wegen Drogenhandels und Körperverletzung verurteilten Anführer der neofaschistischen *Lazio*-Hooligans fürs Foto zu posieren, ist Signal. Dass im Wahlkampf für die Parlamentswahlen 2018 gleich die beiden wichtigsten neofaschistischen Organisationen, *Forza Nuova* und *CasaPound*, an Kundgebungen Salvinis teilnehmen und ihre Unterstützung zusagen, findet er legitimes demokratisches Recht. Dass er als Innenminister bisher keinen Finger gerührt hat, um die von *CasaPound* seit Jahren besetzten staatlichen Gebäude zu räumen, ist da nur Zugabe.

Wer bisher in Matteo Salvini und der auf seinen Kurs gebrachten *Lega* lediglich eine besonders geräuschvolle Variante des Rechtspopulismus gesehen hatte, musste spätestens seit dem 25. April 2019 sein Urteil korrigieren. Erstmals seit 1945 verweigerte nämlich ein Innenminister der Republik die Teilnahme an den Gedenkzeremonien des *Giorno della Liberazione*, des staatlichen Feiertages zur Befreiung Italiens von Faschismus und Nazi-Besatzung, auch *Festa della Liberazione*, *Anniversario della Resistenza* (Fest der Freiheit und Jahrestag des Widerstandes) genannt. Seinem Beispiel folgten natürlich sämtliche Minister, Gouverneure, Bürgermeister und Parteifunktionäre der *Lega*. So etwas hatte es noch nie gegeben. Der in der Verfassung festgeschriebene Antifaschismus und somit der demokratische Nachkriegskonsens wurden vom Vize-Regierungschef und dem zugleich für die Innere Sicherheit zuständigen Minister als obsolet erklärt, natürlich via Facebook-Video: „Am 25. April werden wieder die Faschisten und die Antifaschisten marschieren, die Kommunisten, die Roten und die Schwarzen und die Blauen. Wir schreiben das Jahr 2019, da interessiert mich das Derby zwischen Faschisten und Kommunisten wenig, mich interessiert die Zukunft [...] Ich werde deshalb am 25. in Corleone sein, der leider immer noch als Hochburg der Mafia bekannten herrlichen Stadt in Sizilien, um dort die Sicherheitskräfte im Kampf gegen die Mafia zu unterstützen, denn das ist heute der wirkliche Kampf um die Befreiung."

Ein Aufschrei ging durchs Land. Nicht nur die Partisanenverbände, die Holocaust-Überlebenden, die Vertreter der jüdischen Gemeinde und die Linke empörten sich, die heftigen Reaktionen reichten bis in konservative Kreise und in die Kirche hinein. Doch selbst dann ruderte Salvini in den Talkshows nur halb zurück. „Faschismus und Kommunismus sind Geschichte, damit sollen sich die Historiker befassen. Ich bin gegen jeden Autoritarismus und werde gerade als Innenminister dafür sorgen, dass so etwas nicht mehr zurückkehrt. Aber anstatt zurück müssen wir nach vorne blicken." Damit hat Salvini die öffentliche Debatte über eine mögliche autoritäre oder gar faschistische Gefahr in Italien, die den gesamten Herbst 2018 geführt wurde, wieder voll entfacht. Zusätzlich angeheizt wurde sie von Dutzenden demonstrativen, teils gewaltsamen Aktionen der neofaschistischen Organisationen genau am Tag der Befreiung: Aufmärsche mit Mussolini-Huldigung, Brandanschlag auf eine linke Buchhandlung, verschmierte Denkmäler und Gedenktafeln, Hakenkreuze an den Wänden.

Mit Rosenkranz und Bibel gegen den Papst

Für besondere Nähe oder gar Verbundenheit mit Religion und Kirche waren weder Matteo Salvini noch die *Lega Nord* bekannt, beriefen sich doch die Grünhemden gerne auf nicht genauer dokumentierte keltische Ethno-Wurzeln. Irgendwann verkündete der damalige *Capitano* Umberto Bossi, dass „seinerzeit die friedlichen Kelten" die Po-Ebene besiedelt hätten und letztlich von den expansiven Römern vertrieben worden seien. Deshalb wurde 1996 zur Ausrufung des symbolischen Staates Padania von Bossi eine Glasphiole mit reinem Wasser aus der Ursprungsquelle des Po gefüllt und in einer „endlosen Menschenkette" bis zur Deltamündung an der Adria gereicht, um dort von einem Mädchen ins Meer geleert zu werden – als „Akt der Reinigung". Dabei trugen nicht wenige besonders eifrige *Lega*-Anhänger Helme mit zwei Hörnern, die aus „Asterix und Obelix" zu stammen schienen.

Umso erstaunter reagierte die italienische Öffentlichkeit, als Matteo Salvini im Februar 2018, wenige Wochen vor den Parlamentswahlen, bei seiner Abschlusskundgebung vor dem Mailänder Dom und vor 50.000 begeisterten Anhängern am Ende seiner Rede, einen Rosenkranz in der einen Hand und die Bibel in der anderen, einen Treueschwur ablegte. „Hier vor euch und vor allen, die uns landesweit und in der ganzen Welt zusehen, lege ich diesen Schwur ab. Ich schwöre, meinem Volk, den 60 Millionen Italienern, treu zu sein, euch mit Aufrichtigkeit und Mut zu dienen. Das schwöre ich auf die von vielen ignorierte italienische Verfassung und unter Einhaltung der Lehren dieses heiligen Evangeliums. Ich schwöre es – schwört ihr es mit mir?" Trotz dreimaligen Nachfragens blieb die Zustimmung der Versammelten zögerlich, wohl aus Überraschung. Die Reaktionen hoher Kirchenvertreter waren hingegen mehr als kritisch. Man möge Religion und Politik nicht vermischen.

Die Ermahnungen haben Salvini erwartungsgemäß wenig beeindruckt, sie haben ihn im Gegenteil in seiner neuen Rolle als Anführer des abendländischen Kreuzzuges bestärkt, wie sich 2019 bei seiner Schlusskundgebung acht Tage vor der Wahl zum EU-Parlament zeigen sollte. Der Schauplatz: wieder

der Mailänder Dom. Nachdem Marine Le Pen zum Kampf gegen die „Oligarchen ohne Wurzeln und deren wilde Globalisierung" und zum Aufstand der Völker Europas aufgerufen hatte, nachdem Geert Wilders Migration und Islam gegeißelt hatte, beschwor Salvini die sechs Schutzpatrone Europas: den Hl. Benedikt von Nursia, die Hll. Kyrill und Method, die Hl. Katharina von Siena, die Hl. Birgitta von Schweden und Edith Stein, die Hl. Teresia Benedicta vom Kreuz. „Und ich persönlich vertraue Italien, mein Leben und das eure dem unbefleckten Herzen der Heiligen Maria an. Sie wird uns den Sieg bringen!"

Die zur Schau getragene Frömmigkeit hinderte Salvini keineswegs an seinem nächsten Tabubruch – dem Frontalangriff gegen Papst Franziskus. Als Zeugen rief er dessen Vorgänger Karol Wojtyla und Joseph Ratzinger auf – während auf Knopfdruck die Bilder der beiden auf der überdimensionalen Videowall erschienen. Sie hätten von der Bedeutung des Glaubens gesprochen, aber eben auch von den Völkern, den Nationen und deren Recht auf Freiheit und Respektierung ihrer Vielfalt und Eigenständigkeit. „Und weil seine Heiligkeit Papa Francesco heute wieder gesagt hat, man müsse die Toten im Mittelmeer verhindern, antworte ich: Die Politik dieser Regierung reduziert die Toten im Mittelmeer auf null. Die Politik der offenen Häfen und Tore hat zwischen 2015 und 2018 15.000 Tote gefordert. Unsere rigorose Politik hat sie auf 1000 gesenkt. Wir retten Leben." Die Nennung des Namens „Papa Francesco" wurde von Teilen der *Lega*-Fans mit lauten Pfiffen quittiert – Salvini reagierte nicht, fuhr fort und forderte seine Anhänger auf, zu widersprechen, wenn sonntags von der Kanzel in Kirchen die Flüchtlingsaufnahme gepredigt werde. Bischöfe und Kardinäle, die Kirchenzeitungen, Caritas und andere Hilfsorganisationen kritisierten den Missbrauch der Religion für politische Propaganda auf das Schärfste. Der Papst selbst reagierte nur indirekt auf Salvini: „Christus hat uns gelehrt, auch unsere Feinde zu lieben, und jenen zu verzeihen, die uns beleidigt haben."

Der Angriff auf den Papst war kein „Ausrutscher", war nicht improvisiert. Schon Steve Bannon hatte Salvini geraten, Papst Franziskus offen für dessen regelmäßige Appelle zum „barmherzigen Öffnen unserer Herzen und Arme" für Geflüchtete zu kritisieren. Bannon versucht bekanntlich mit dem in Brüssel angesiedelten Thinktank *The Movement* Einfluss auf die europäische Rechte und ihre Europapolitik zu nehmen. Zu diesem Zweck hat der ehemalige Trump-Intimus südlich von Rom das aus dem 13. Jahrhundert stammende Kloster Trisulti in Collepardo angemietet, um dort eine „Akademie der jüdisch-christlichen Werte" aufzubauen: eine „Gladiatorenschule für Kulturkämpfer" gegen den Islam, gegen die Masseneinwanderung nach Europa, aber auch gegen den Verfall der Sitten durch die Auswüchse des Kapitalismus und die Macht globalisierter Eliten. Unterstützung und Geld dafür kommen aus ultrakonservativen amerikanischen und europäischen Kreisen und von innerkirchlichen Gegnern des Reformkurses des Papstes.

Aber auch ohne Bannon, dessen *Movement* die Salvini-*Lega* beigetreten ist, war Salvinis Abneigung gegen den Papst schon ausgeprägt. Denn obwohl er gleich nach seinem Wahlerfolg im März 2018 angekündigt hatte, er werde „baldigst mit dem Heiligen Vater zusammentreffen", wartet der *Lega*-Chef und Vizepremier bis heute vergebens auf eine Einladung des Vatikans. Von der Abneigung zur grimmigen Feindschaft hat sich das Verhältnis spätestens gewandelt, als das offizielle und auflagenstarke Wochenmagazin der Kirche *Famiglia Cristiana* ihre ganze Titelseite Salvini widmete, mit unmissverständlicher Botschaft: Eine abwehrende Hand richtet sich gegen ein Porträt-Foto Salvinis, dazu der fett gedruckte Titel *„Vade retro, Salvini!"* Im Untertitel: „Flüchtlingsnotstand – Bischöfe, NGOs und die Kirche gegen die aggressiven Töne des Innenministers". Dass das durchaus die Position des Vatikans widerspiegelt, belegte schon der Appell des Papstes zum 51. Weltfriedenstag im Dezember 2017, mitten im italienischen Wahlkampf: „Wir müssen unsere Aufnahmepolitik bis zu der vom Allgemeinwohl erlaubten Grenze ausweiten [...] und wir müssen jene bekämpfen, die die Angst vor den Migranten aus politischen Gründen schüren."

Migration – Salvinis Mutter aller Schlachten

Laut Eurobarometer 2019 halten 32 Prozent der Italiener die Immigration für das größte Problem des Landes, noch vor der Wirtschaftskrise und der hohen Arbeitslosigkeit. In anderen Umfragen schätzte ein beträchtlicher Teil der Befragten die Zahl der in Italien befindlichen Ausländer auf 25 Prozent der Bevölkerung. In Wirklichkeit sind es 7 Prozent, das ist der zweitniedrigste Anteil in ganz Westeuropa. Bei den anerkannten Asylbewerbern 2018 liegt laut Statista Research Department (25.3.2019) Italien mit rund 813 pro einer Million Einwohner auf Platz 13 (Deutschland auf Platz 5 mit 1954, Österreich auf Platz 10 mit 1291). Trotzdem sind Misstrauen und Ablehnung bis hin zur Feindseligkeit gegenüber Migranten in der italienischen Bevölkerung so weit verbreitet wie in kaum einem anderen westlichen EU-Land. Die Italiener würden Migranten ungern als Freunde oder Familienmitglieder haben, halten sie für kaum integrierbar, sie seien eine Belastung für den Wohlfahrtsstaat und für mehr Kriminalität verantwortlich. Sind die Italiener also allesamt Rassisten? Und das, obwohl sie selbst seit 150 Jahren millionenfach in die ganze Welt ausgewandert sind, also fast jede Familie einen mehr oder weniger nahen Verwandten mit Migrationsgeschichte hat?

Der Wirtschaftswissenschaftler Roberto Perotti hat eine andere, einleuchtende Erklärung. Die Italiener überschätzen und fürchten die Immigration und reagieren mit Ablehnung, weil sie an Einwanderung nicht gewöhnt sind und weil die Ankunft der „anderen" so rasant erfolgt ist. Allein im Zeitraum zwischen 2000 und 2016 hat sich die Zahl der im Ausland geborenen, jetzt in Italien lebenden Menschen vervierfacht. Das ist für ein Land, das zwar seit mehr als sechs Jahrzehnten alljährlich von Millionen Touristen überrannt wird, jedoch nie Menschen anderer Religion und Kultur in die Gesellschaft integrieren musste, offenbar eine Überforderung. Außerdem ist Italien praktisch das einzige europäische Land, das sich von der Finanz- und Wirtschaftskrise 2008 nicht erholt hat. Besonders im Süden herrscht große, unter den Jungen extreme Arbeitslosigkeit. Jährlich gehen Zehntausende von ihnen in andere EU-Länder auf Arbeitssuche. Ein weiterer Grund für das Gefühl des „Flüchtlingsnotstandes" sind die insgesamt fehlenden und heruntergekommenen Infrastrukturen in der Verwaltung, im Gesundheitswesen, auf dem Wohnungsmarkt und in der Städteplanung.

Nein, Italien und die Italiener sind nicht fremdenfeindlicher als die übrigen Europäer, im Gegenteil. Für die Süditaliener begann die „Flüchtlingskrise" schon vor fast 30 Jahren, genauer gesagt am 8. August 1991. Die Berliner Mauer war gefallen und mit ihr der Reihe nach die realkommunistischen Regime, auch am Balkan. In Albanien kam es zu chaotischer Massenabwanderung. So wurde das Frachtschiff *Vlora* gekapert und landete am besagten 8. August mit 20.000 zusammengepferchten Menschen an Bord im Hafen von Bari. Sie wurden aufgenommen und versorgt.

Spätestens seit jener Zeit wurde Italien zum Zielland von Hunderttausenden Migranten – vom Balkan, aus dem Nahen Osten und vor allem aus Afrika. In den kleinen und großen Häfen des Südens wurden die Küstenwache, die Fischer mit ihren Booten und die Bevölkerung unfreiwillig zu Dauer-Seenotrettern und zugleich zum schwer zu ertragenden Bestattungsdienst für die vielen Ertrunkenen. Das restliche Europa schaute weg oder kritisierte Italien gar, weil es die Migranten nicht daran hinderte, nach Norden weiterzuziehen. In der Tat wurden die aus dem Meer Geretteten medizinisch erstversorgt, aufgepäppelt und dann von den Hilfsorganisationen nicht selten mit einem Zugticket Richtung Nordeuropa entlassen. Gleichzeitig handelte die italienische Regierung, vor allem unter Silvio Berlusconi, mit den Staaten des Maghreb und besonders mit Libyens Diktator Gaddafi wenig transparente Deals zur Einschränkung der Migration aus Afrika aus.

Diese Praxis fand ein jähes Ende, als infolge des Arabischen Frühlings in Libyen die Revolution ausbrach, Frankreich, Großbritannien und die USA Gaddafi stürzten und in Syrien der Aufstand zum Stellvertreterkrieg der Regional- und Großmächte ausartete. Mit dem tragischen Tod von 71 Geflüchteten in einem Kühllastwagen bei Wien und den wenig später auf Zuggeleisen und Autobahnen aus Ungarn nach Österreich marschierenden Menschen entdeckte der reiche Norden Europas, dass die massenhafte Flucht vor Krieg und Tod nicht nur ein Problem der Türkei, Griechenlands und Italiens ist. Die „Wir schaffen das"-Haltung war von kurzer Dauer, sehr schnell machten die Staaten des Nordens ihre Grenzen dicht. Und Italien hatte plötzlich nicht mehr die jahrelang gespielte Rolle des Retters und Transitlandes. Jetzt mussten die Flüchtlinge aufgenommen, auf das ganze Land verteilt und untergebracht werden. Darauf war das Land nicht vorbereitet und damit kippte die Stimmung vollends.

Matteo Salvini brachte die Zuspitzung der Migrationskrise spürbaren Aufwind. Hatte er die Neuausrichtung der *Lega* und die Partnerschaft mit den anderen europäischen rechtsradikal-nationalistischen Kräften, allen voran Le Pens *Front National*, vorwiegend mit der Ablehnung des Euro und der EU begründet, so rückte nun die Rettung Italiens vor den „anstürmenden Migranten" und die Warnung, Europa könnte zu „Eurabien" werden, ins Zentrum seiner Reden und Propaganda-Slogans.

Packt eure Koffer!

Einmal an der Regierung, werde er die 600.000 „Illegalen" unverzüglich abschieben und kein einziges Rettungsschiff der „Menschenschmuggler-NGOs" in einem italienischen Hafen anlegen lassen, versprach Salvini im Wahlkampf lautstark. Aufgenommen sollten nur mehr „echte Flüchtlinge", wirklich von Unterdrückung und Tod bedrohte Familien werden. Das müsse vor Ort, in den Krisengebieten, mit den italienischen Behörden geklärt werden, denn nach Italien werde man nur *con permesso*, mit Erlaubnis, gelangen. Und als neuer Innenminister rief Salvini den Migranten zu: „Jetzt ist Schluss mit lustig! Packt eure Koffer!" Nach einem Jahr an der Regierung ruderte der *Capitano* kleinlaut zurück. Erstaunlicherweise sei die Zahl der „Illegalen" im Land gar nicht so groß. Eigentlich lebten nur knapp 90.000 Migranten ohne Aufenthaltsbewilligung in Italien. Das habe die Überprüfung der Zahlen ergeben. Seit 2015 seien zwar sehr wohl 478.000 Migranten angekommen, davon seien allerdings 268.000 längst in andere EU-Länder weitergereist und 120.000 hätten den Asylstatus oder zumindest eine provisorische Aufenthaltsgenehmigung erhalten. Bleiben also 90.000 „U-Boote". In der Tat entspricht die Zahl der 268.000 „Weitergereisten" genau jener der Rückführungsgesuche nach dem Dublin-Prinzip, die seit 2015 von den übrigen EU-Ländern an Italien gestellt wurden.

Die EU-Kommission kritisierte Italien wegen mangelnder Kooperation bei den Rückführungen, die Opposition attackierte Salvini vehement wegen seiner permanenten „Invasions"-Angstmache gegen besseres Wissen – Selbstkritik der italienischen Medien, weil sie die Salvini-Zahlen nie hinterfragt haben, blieb aus. Nur der Koalitionspartner, die *5-Sterne-Bewegung*, warf Salvini vor, er betreibe „Zahlenspielerei", um davon abzulenken, dass er bei der angekündigten Abschiebung von „Illegalen" erfolglos sei. Denn monatlich werden knapp 500 Repatriierungen durchgeführt, gleich viele wie unter der linken Vorgängerregierung.

Demonstrativ drakonisch durchgesetzt hat der Innenminister hingegen die „Politik der geschlossenen Häfen". Der regelmäßige Kleinkrieg mit den Rettungsschiffen der NGOs, denen schon die Einfahrt in italienische Küstengewässer verboten wird, dient allerdings ebenfalls hauptsächlich der Propaganda. Die Landung dieser Schiffe mit ihren vor dem Ertrinken Geretteten erlaubt Salvini immer erst dann, wenn sich neben der Kirche mehrere andere EU-Länder bereit erklären, ein paar Dutzend Flüchtlinge aufzunehmen. Er wolle damit die EU zwingen, Italien mit dem Migrationsproblem nicht mehr allein zu lassen, und er halte sein Versprechen, keine neuen Migranten ins Land zu lassen. Der in der Tat drastische Rückgang der Flüchtlingszahlen hat jedoch ganz andere Gründe. Wurden jahrelang sämtliche Rettungseinsätze im Mittelmeer von einer Zentrale in Rom koordiniert, so kümmert sich diese im Einverständnis mit der EU jetzt nur mehr um das „Monitoring", sprich die Überwachung aus der Luft. Die Rettung der Seenot-Opfer hat man der libyschen Küstenwache übertragen. Dass diese Küstenwache technisch und personell völlig überfordert ist, zu einem guten Teil mit verschiedenen Milizen und Schlepperbanden unter einer Decke steckt und die „Geretteten" einfach zurück in grauenhafte libysche Zwangslager bringt, scheint nur die „Gutmenschen" zu empören.

Lautstarke Entrüstung, Kritik seitens der Kirche, von Hilfsorganisationen und Experten und sogar entschlossenen Widerstand von Bürgermeistern erntete Salvini hingegen für seine neuen Bestimmungen zur Behandlung von Migranten im Rahmen eines neuen „Sicherheitsgesetzes". Die zuständigen Behörden werden darin angewiesen, bis auf wenige Ausnahmen keinen humanitären Schutz mehr zu gewähren. Derzeit gibt es rund 120.000 Migranten mit diesem Status, der alle zwei Jahre neu beantragt werden muss. Zudem dürfen Städte und Gemeinden Migranten ohne geklärten Aufenthaltsstatus nicht mehr meldeamtlich registrieren. Dadurch verlieren diese jeden Anspruch auf medizinische Versorgung, Sozialhilfe, Zugang zu Asylunterkünften, Besuch von Sprachkursen, Zuschüsse für Wohnen oder Benützung der öffentlichen Verkehrsmittel. Damit schafft Salvini de facto Zehntausende neue „Illegale". Sofern sie nicht freiwillig ausreisen oder, selbst bei Bereitschaft dazu, nicht ausreisen können, etwa weil sie ohne Ausweispapiere von ihren Herkunftsländern nicht mehr „zurückgenommen" werden, landen sie auf der Straße. Schon wenige Wochen nach Inkrafttreten des Sicherheitsdekrets füllten sich die Parkanlagen der Städte, die Gegenden rund um Bahnhöfe, Kirchen und Einkaufszentren sowie leerstehender Baugrund mit obdachlosen, mittellosen und verzweifelten jungen Männern – notdürftig von humanitären Organisationen mit Wasser, Essen und Schlafsäcken versorgt.

An die Spitze des Widerstands stellte sich der legendäre und zum vierten Mal gewählte Bürgermeister von Palermo, Leoluca Orlando, gefolgt vom ehemaligen Antimafia-Staatsanwalt und populären Bürgermeister von Neapel, Luigi de Magistris, dann schlossen sich Mailand, Florenz und ein Dutzend weiterer Städte dem Protest an. Man werde die Verordnungen des neuen Gesetzes schlicht und einfach nicht anwenden, obwohl das strafbar ist. Diese Maßnahmen verletzten nicht nur die Menschenrechte, sie stünden eindeutig im Widerspruch zur italienischen Verfassung. Salvini polterte, drohte mit Klagen, die Bürgermeister bekräftigten ihre Entschlossenheit, die Sache bis zum Höchstgericht auszufechten. Inzwischen ist die Polemik darüber verstummt, aus den Schlagzeilen verschwunden, und jede Lokalverwaltung scheint die Bestimmungen auf ihre Weise, pragmatisch und „elastisch" – man könnte auch sagen *all'italiana* – zu handhaben.

Die *Lega* als die „soziale" Rechte

Im Ausland hat Matteo Salvini zu Recht mit seinem populistisch-identitären Kurs für Aufsehen und Schlagzeilen gesorgt: mit seiner Ausländerhetze, dem Antiziganismus, wonach Roma zu registrieren und die „nichtitalienischen" Roma auszuweisen seien, dem zum Nationalismus übersteigerten Patriotismus, der EU-Feindlichkeit. Weniger beachtet wird dabei häufig die „soziale Ader" des Salvinismus, die Kampfansage gegen die multinationalen Konzerne, gegen die internationalen Finanzmächte, Banken und Spekulanten, gegen die Lobbyisten, gegen die *poteri forti*, die „starken Mächte", deren Handlanger natürlich in Brüssel sitzen. Bei seiner Abschlusskundgebung vor den EU-Wahlen 2019 vor dem Mailänder Dom kündigte Salvini an, dass er gemeinsam mit seinen rechtsradikalen Fraktionspartnern im EU-Parlament eine „Charta der Rechte der europäischen Völker" einbringen werde. „An die Stelle des Gottes Geld werden wir das Recht auf Arbeit, das Recht auf Leben, das Recht auf Gesundheit und Glück setzen, für uns und für unsere Kinder." Dann der Aufruf zur Revolution der kleinen Leute und des gesunden Menschenverstandes: „Wir haben fünf Millionen Arme in Italien und 20 Millionen Arbeitslose in Europa. Sie haben versucht, uns an den Hunger zu gewöhnen, an die Armut, an das Prekariat. Sie sagen, es gebe keine andere Welt, keine Alternative zum Diktat der Roboter [...] Und anstatt in den Geschäften und bei unseren Handwerkern einzukaufen, sollen wir nur mehr per Computer-Klick Waren bestellen. Waren, die von der anderen Seite des Globus kommen, möglicherweise von ausgebeuteten Kindern gefertigt, unter Missachtung der Gesundheit und der Umwelt. Ich lehne mich gegen eine solche Zukunft auf, die auf Ausbeutung, Prekarität und Armut beruht."

Wie in vielen Belangen ist Salvini in Fragen der Wirtschafts- und Sozialpolitik äußerst widersprüchlich. Die *Lega* ist nach wie vor die Partei des reichen Nordens Italiens und dort in erster Linie der mittelständischen Wirtschaft. Dementsprechend ist der Ruf nach weniger Staat, weniger Reglementierung und das Versprechen, stufenweise eine 15-prozentige Flat Tax einzuführen, fester Bestandteil des Programms. Zugleich hat die Regierung auf Drängen Salvinis die vor acht Jahren zur Verhinderung des Staatsbankrotts beschlossene radikale Pensionsreform entschärft. Das derzeit früheste Antrittsalter von 67 Jahren bleibt zwar, aber wer durch Addition von Lebensalter und geleisteten Beitragsjahren die Quote 100 erreicht, kann in Frühpension gehen – mit Abschlägen, vergleichbar mit der österreichischen Korridorpension. Ebenfalls mitgetragen hat Salvini das vom Koalitionspartner *5 Sterne* als Hauptanliegen geforderte „Bürgereinkommen" – in Wirklichkeit eine Art Mindestsicherung, allerdings mit strengeren Einschränkungen und Auflagen als die deutsche Hartz-IV-Regelung. Das hat zu beträchtlichem Murren der *Lega*-Parteibarone des Nordens geführt, ebenso die von den *5 Sternen* durchgesetzte strengere Regelung der prekären Arbeitsverträge auf Zeit. Die Warnungen von Experten und Unternehmervertretern, dass diese milliardenteuren Maßnahmen die ohnehin astronomischen Staatsschulden von mehr als 130 Prozent des BIP noch mehr in die Höhe schnellen lassen, kontert Salvini mit Kampfansagen, die denen radikal linker Kräfte nicht unähnlich sind. Schluss mit der Sparpolitik, er sei bereit, die in der EU vereinbarte Drei-Prozent-Defizit-Grenze zu überschreiten, und auch Staatsschulden von 140 Prozent des BIP würden ihm keine Angst einflößen. Er werde nicht mehr zusehen, wie Italien von der EU und den „starken Mächten" in die Knie gezwungen wird.

Der Philosoph Massimo Cacciari ist einer der bedeutendsten zeitgenössischen Intellektuellen der italienischen Linken. Als der von ihm zur Zeit der 68er-Bewegung mitbegründete Kreis rund um *Potere Operaio* begann, auch die Möglichkeit bewaffneter Aktionen zu theoretisieren, wandte er sich von diesem ab, war später wiederholt Abgeordneter des eurokommunistischen *Partito Comunista Italiano* Enrico Berlinguers und zwölf Jahre lang Bürgermeister von Venedig. Für dieses Buch habe ich in Mailand ein Interview mit ihm geführt.

Cacciari sieht Salvinis *Lega* als einen neuen Typus der radikalen sozialen Rechten. „Wir haben es da mit einer Rechten zu tun, die nichts mehr mit jener Rechten zu tun hat, die wir in der zweiten Nachkriegssituation gekannt haben, nicht einmal mit der Le Pens. Die Salvini-*Lega* hat jeder neoliberalen Ideologie abgeschworen, hat sie auf dem Dachboden verräumt. Das hat nichts mehr mit den amerikanischen Konservativen eines Reagan oder den britischen einer Thatcher zu tun, ja nicht einmal mit dem neofaschistischen *Movimento Sociale Italiano* von Giorgio Almirante. In Wirtschafts- und Sozialfragen waren diese Faschismusnostalgiker in Wirklichkeit eine neoliberale Rechte, eine Rechte im Nadelstreif. Die heutige *Lega* besetzt in ihrer Sozialpolitik hingegen viele klassische Themen der Linken – Pensionen, Einkommen, Schutz des Arbeitsplatzes usw. Damit knüpft sie viel mehr an die Phrasen des Mussolini-Faschismus während seiner radikalen Phasen und während der *Repubblica di Salò* an. Heute sagt Salvini, wenn wir das Diktat der EU ablehnen, werden wir für uns, im nationalen Rahmen, eine echt soziale Politik umsetzen. Das ist die *Destra sociale*, die neue soziale Rechte.

Das stellt für die Linke ein kolossales Problem dar und ist heute die wirkliche Gefahr. Denn wenn man die traditionellen Themen der radikalen Rechten – den Nationalismus, die Xenophobie, streng konservative Positionen in Gesellschaftsfragen – mit einer starken sozialen Ausrichtung der Partei kombiniert, dann spricht man potenziell bis zu 80 Prozent der Bevölkerung an. Das ist so gewiss, wie dass zwei plus zwei vier ergibt. Und das kann sogar sehr schnell gehen.

Hält diese Entwicklung an, dann könnte Italien wirklich ein Laboratorium für Europa werden. Aber nicht durch die

Zusammenarbeit der radikalen Rechten mit Bewegungen wie dem *Movimento 5 Stelle*, den *Gilets Jaunes* in Frankreich oder *Podemos* in Spanien. Auf Dauer ist eine Kooperation solcher Antagonisten undenkbar. Nein, die neue soziale Rechte würde die Reform-Linke verdrängen. Die Linke würde dann zur Partei, die noch den Kampf um Demokratie, Menschenrechte, Pazifismus und für ein föderales Europa führen könnte, eine Linke der Bürgerrechte und moralischen Prinzipien, ähnlich dem *Partito d'Azione* in der *Resistenza* gegen den Faschismus und bis 1946. Also maximal eine Zehn-Prozent-Partei. Das ist die Gefahr."

Der entfesselte Rassismus

Ende Februar 2019 veröffentlichten die italienischen Geheimdienste ihren jährlichen Bericht an das Parlament. Für Aufsehen sorgte, dass darin unter den ersten vier größten Gefährdungsfaktoren für die Sicherheit im Land das stete Ansteigen des Rassismus und rassistischer Gewalt genannt wird, neben dschihadistischem Terror, Cyberattacken und der Mafia. Als besonders gefährdend für die Ordnung werden von den 007-Experten rassistische Gewalttaten der extremen Rechten eingeschätzt.

Wie rasant sich Fremdenfeindlichkeit und Rassismus ausgebreitet haben, zeigen die Daten des bei der Regierung angesiedelten Büros zur Bekämpfung von Diskriminierung UNAR. Im Jahr 2015 wurden 369 aller gemeldeten Diskriminierungsfälle (die auch Geschlecht, sexuelle Orientierung usw. beinhalten) der Kategorie Rassismus und Xenophobie zugeordnet. Im Jahr 2016 waren es schon 1880, 2017 2966 und im Jahr 2018 wurde eine weitere zehnprozentige Steigerung auf 3260 Fälle registriert. Anders gesagt: Jeden Tag wurden der Behörde neun Fälle von rassistischer Diskriminierung oder Aggression gemeldet. Weil das UNAR lediglich die bei Polizei und Gericht aktenkundig gewordenen oder von NGOs direkt an das Büro gemeldeten Fälle registriert, bleiben alle nicht gemeldeten Diskriminierungs-, Beleidigungs- und Aggressionsakte im Dunkeln. Trotzdem spiegeln die UNAR-Zahlen die Tendenz, das Ansteigen des Rassismus wider.

Die Formen der rassistischen Diskriminierung und Aggression sind vielfältig. Am häufigsten ist der diffuse Alltagsrassismus mit Beleidigung, Beschimpfung und Ausgrenzung bis hin zu körperlichen Übergriffen und Gewalt. Seltener, aber mit brutaler Gewalt und sogar Todesfällen verbunden, ist der vorsätzliche, organisierte Rassismus der militanten neofaschistischen

Schlägertrupps von *CasaPound* und *Forza Nuova* sowie jener der vielen Hooligan-Clubs, die in Italien sehr stark neofaschistisch und neonazistisch durchsetzt sind. Und seit dem Wahlsieg der *Lega* und Salvinis haben unverhohlen diskriminierende Maßnahmen von lokalen Behörden, Gemeinderäten, Vereinen oder Arbeitgebern bedrohlich zugenommen.

Zu trauriger Berühmtheit hat es das 45.000-Einwohner-Städtchen Lodi in der Nähe von Mailand gebracht. Die *Lega*-Bürgermeisterin und begeisterte Salvini-Anhängerin Sara Casanova hat im Herbst 2018 beschlossen, dass den Kindern von Migranten die Ermäßigung für den Schulbus und die Schulmensa zu streichen sind, sofern sie nicht den offiziellen Nachweis erbringen, dass sie in ihrem Herkunftsland keine Immobilien oder Vermögen besitzen. Anstatt der reduzierten 2,10 Euro sollten sie pro Kind und Mahlzeit 10 Euro entrichten. Für die 260 Einwandererfamilien, allesamt legal gemeldet und größtenteils seit langem ansässig, integriert und kinderreich, ein doppelt schwerer Schlag, wirtschaftlich – 160 Euro pro Kind und Monat – und erniedrigend, weil ausgrenzend. Gegen den lauten Protest der Familien holte sich die Bürgermeisterin Rückendeckung beim Regionalgouverneur der Lombardei, Attilio Fontana. Seines Zeichens ein besonders umstrittener Hardliner der *Lega*, hatte Fontana im Wahlkampf öffentlich erklärt: „Wir können nicht alle Einwanderer aufnehmen. Wir müssen entscheiden, ob wir wollen, dass unsere Ethnie, unsere weiße Rasse, weiterhin bestehen oder ausgelöscht werden soll." (*Radio Padania*, Januar 2018) Als besondere Niedertracht empfanden die betroffenen Familien die Maßnahme von Bürgermeisterin Casanova, weil es 95 Prozent von ihnen völlig unmöglich ist, von den Behörden ihrer Länder (Ägypten, Tunesien, Marokko, Ghana, Ecuador usw.) amtliche, rechtskräftige und in Italien auch anerkannte Bescheinigungen zu besorgen, dass sie in ihrer früheren Heimat über *keine* Vermögen und Immobilien verfügen.

Die landesweiten Schlagzeilen und die Empörung vieler Bürger von Lodi zeigten Wirkung. Ein Solidaritätskomitee wurde gebildet, um Geld für die vom Schultransport und der Mensa ausgeschlossenen Kinder zu sammeln. In kürzester Zeit spendeten 2000 Personen 60.000 Euro. Der Gemeinderat beschloss einen halben Rückzieher. Es genüge, wenn die Botschaften der Herkunftsländer in Italien den Eltern bescheinigen, dass es unmöglich sei, die nötigen Zertifikate zu besorgen. Auch dagegen und für die Gleichbehandlung der Migrantenkinder mit den anderen läuft ein Verfahren vor einem Mailänder Gericht, Ausgang ungewiss.

Dass Fremdenfeindlichkeit selbst bei Menschen um sich greift, die eigentlich Bedürftigen und Leidenden helfen wollen oder beruflich dazu angehalten sind, zeigen skurrile bis schockierende Meldungen zuhauf. So berichtete der Pfarrer Don Gino Cicutto in Venedig von einem anonymen Spender. Der hinterlegte Briefumschlag enthielt neben Geldscheinen ein Schreiben mit der Aufforderung, den „Alten, Kranken, Frierenden und Hungerleidenden" zu helfen, aber immer „italiani in primis" und den Ausländern als letzte. Don Cicutto forderte den Spender via Pfarrblatt auf, sich sein Geld zurückzuholen, weil eine solche Haltung weder mit Glauben noch mit Barmherzigkeit zu tun habe.

Schon schärfer waren die Ausfälle der 30-jährigen Stadträtin von Ivrea nördlich von Turin, Giorgina Povolo, entsandt von Salvinis *Lega* und zuständig für Soziales, Bildung, Jugend und Gleichberechtigung. Sie schrieb auf Facebook: „Man komme mir ja nicht mit dem schönen Gerede von den Bedürftigsten [...] und rechtfertige noch einmal die Anwesenheit gewisser Individuen in unserem Land [...], der Zigeuner, ja, nicht der Rom, sondern der Scheiß-Zigeuner, Zecken und Parasiten, die alles aussaugen [...] Kriminelle, die man als Köder zum Fischen von Piranhas verwenden sollte. Die wirklich Bedürftigen in der Welt, das sind die Kranken und die Menschen, die täglich ums

Überleben kämpfen – mit denen will ich großzügig sein. [...]"
Der Text ist dreimal so lang und endet mit Glückwünschen für
einen schönen Tag, verziert mit dem Medaillon-Foto der fröh-
lich lächelnden Stadträtin. Als Entschuldigung gab Frau Povolo an, sie sei von Roma ausgeraubt worden. Die Rücktrittsfor-
derung der linken Opposition im Gemeinderat wurde von der
konservativen Mehrheit abgeschmettert.

Neben allgemeiner Empörung erntete hingegen eine allseits geschätzte Ärztin eines Krankenhauses in Spoleto bei
Perugia auch Disziplinarmaßnahmen. Sie schrieb als Mitglied
einer Ärzten vorbehaltenen Facebook-Gruppe mit dem Namen
ÄrzteAufderFlucht, die Menschenrechte gebührten „den armen und allein gelassenen Alten oder in Afrika den Kindern,
die unterernährt vor Hunger sterben. Es gibt keine Menschenrechte für das Neger-Pack, das uns in Nikes, Marken-T-Shirts
und mit aufgeblähten Lenden überschwemmt. Und die Krätze
haben sie von wer weiß welchen Gewalttaten, die sie begangen
haben [...] man sollte sie alle draußen im Meer ertränken." Neben distanzierenden Posts gab es in der Ärzte-Facebook-Grup-
pe auch reihenweise Likes von Kollegen, bis einer die Sache an
die Öffentlichkeit brachte.

Sogar Beamte in Uniform und ohne Schutzschild der Ano-
nymität lassen ihren fremdenfeindlichen Ressentiments immer häufiger freien Lauf. Ein Beispiel unter vielen ereignete
sich im Regionalzug Mailand-Cremona im Sommer 2018. In
einer Durchsage über Lautsprecher forderte die Zugführerin:
„Die Fahrgäste werden gebeten, den lästigen Bettlern kein
Geld zu geben, auch nicht den Zigeunern. Und ihr Strolche
sollt den Zug verlassen, steigt aus, ihr geht uns auf den Sack!"
Ein Passagier meldete den Vorfall der Bahngesellschaft und
machte ihn in den sozialen Medien publik. Die zur staatlichen *Trenitalia* gehörende *Trenord* bedankte sich dafür und
beteuerte, sie werde der Sache nachgehen. In den sozialen
Medien erntete der Passagier, ein Universitätsassistent, ne-

ben Zustimmung vor allem einen feindlichen Shitstorm. „Hol sie dir doch nach Hause" und „Gutmenschen wie du sollten gleich mit abhauen" waren noch die mildesten Hasspostings. Und natürlich konnte sich Matteo Salvini, damals seit drei Monaten Innenminister, einen Kommentar auf Twitter nicht verkneifen: „Anstatt sich besorgt über die Aggressionen gegen Passagiere, Kontrolleure und Zugführer zu zeigen, beklagt jemand die Durchsagen gegen die Belästiger [...] #Sicher reisen ist eine Priorität."

Von der Beschimpfung zur Gewalttat

Edith Tro stammt aus der Elfenbeinküste, ist 47, Mutter von zwei Kindern und arbeitet als Kellnerin in Speisewagen der Bahn. Sie lebt schon seit 30 Jahren in Bari in Apulien, fühlt sich dort zu Hause. Am 20. Februar 2019 ist sie auf dem Heimweg von der Arbeit, am späten Nachmittag, auf einer der belebtesten Straßen der Stadt. Vor ihr schlendert eine Gruppe von Frauen auf dem Gehsteig, junge und ältere. Sie reden Dialekt und lachen laut. *„Permesso, permesso!"*, bittet Edith wiederholt und laut, vorbeigelassen zu werden, dann verlässt sie den Gehsteig, überholt die Frauen auf der Straße und erntet rassistische Beschimpfungen. Als sie sich umdreht, erreicht sie der erste Faustschlag ins Gesicht, dann fallen die sechs Frauen über sie her und verprügeln sie. Kein Mensch greift ein. Doch zwei Männer gesellen sich dazu, traktieren Edith ebenfalls mit Faustschlägen und Fußtritten. Erst als ein Tankwart und sein Sohn einschreiten, hören die Schläge auf, nicht aber die hasserfüllten Schreie und Beschimpfungen. Bei der Ankunft von Polizei und Rettung machen sich die Frauen davon. Doch selbst im Rettungswagen dauert die fremdenfeindliche Erniedrigung an. Sie solle sich nicht so anstellen, meint die Betreuerin in Uniform zu Edith. Ob sie denn das Ganze nur inszeniert habe, um sich krank melden zu können, von Leuten wie ihr habe man ja schon alles gesehen. Nach der Erstbehandlung im Spital steht Edith unter Observation wegen möglicher innerer Verletzungen. Sie hat Anzeige erstattet.

Pogromhafte Züge hat im August 2018 eine Prügelorgie gegen afrikanische Jugendliche in Sizilien in der Nähe von Palermo angenommen. Sechs halbwüchsige Burschen aus Ghana gehen mit Erlaubnis ihrer Flüchtlingsbetreuer zum Fest an einer Strandbar. Weil sie sich laut und ausgelassen benehmen, wird einer der Jungen von einem einheimischen Erwachsenen beschimpft und geohrfeigt. Als ihm ein zweiter Jugendlicher zu Hilfe kommen will, fallen mehrere Männer über sie her. Eine herbeigeeilte Flüchtlingsbetreuerin sammelt die Jugendlichen mit ihrem Kleinbus ein und fährt in die nächste Kleinstadt. Vier Autos verfolgen sie. In der Stadt angekommen, kesseln die Wagen den Kleinbus ein, insgesamt 25 Personen, mit Baseballschlägern und Eisenstangen bewaffnet. Ein Mann hat eine Pistole in der Hand und zwingt die jungen Afrikaner auszusteigen. Dann werden sie rassistisch beschimpft und geschlagen, auch die Betreuerin wird verletzt. Unter den Gewalttätern sind drei Frauen. Eine von ihnen verletzt einen Jugendlichen mit einem schweren Stein am Kopf. Sämtliche Opfer müssen ärztlich behandelt werden, Heilungsdauer zwischen fünf und 20 Tagen. Aufgrund der Bilder mehrerer Überwachungskameras und verschiedener Zeugenaussagen haben die Carabinieri sieben Personen festgenommen. Sie gehören alle der Familie Vitale an, sind teils vorbestraft oder polizeibekannt. Vier von ihnen bleiben bis zum Gerichtsverfahren in Haft, drei in Hausarrest.

Zum konkreten Fall blieben auf Twitter und Facebook abgesetzte Botschaften des Innenministers aus. Aber obwohl es schon die siebte rassistische Gewalttat in sechs Wochen nur in der Provinz Palermo war, meinte Matteo Salvini bei anderer Gelegenheit: „Ach, der Rassismus-Alarm ist eine Erfindung der Linken. Die Italiener sind anständige Leute, aber ihre Geduld geht zu Ende. Deshalb arbeite ich daran, dass wieder Sicherheit und Ruhe in unsere Städte einkehrt."

Gewalt zwischen Hass und Volkssport

Von den neun fremdenfeindlichen Vorfällen täglich, die dem staatlichen UNAR 2018 gemeldet wurden, haben es nur die besonders drastischen in die Medien geschafft, in der Regel dann, wenn es gewalttätige Übergriffe waren. Demnach werden landesweit alle zwei Tage rassistische Gewalttaten mit mehr oder minder schweren körperlichen Folgen verübt.

Da ist der afrikanische Flüchtling auf einer Parkbank, der von drei jungen Italienern grundlos verprügelt wird („Du hast hier nichts zu suchen"), der schwarze Kellner im Gastgarten, der am helllichten Tag zuerst beschimpft, dann krankenhausreif geschlagen wird, oder der Schwarze mit Frau und Töchterchen, der vom Wirt und von Kellnern eines Lokals verjagt und bis zu seinem Wagen verfolgt wird, weil er die Qualität des servierten Essens beanstandet hat.

Eine besonders tückische Aggressionsform ist mittlerweile zum Volkssport geworden, weil sie bequem und gefahrlos ist: die Jagd auf Dunkelhäutige mit Luftdruckpistolen, in allen möglichen Varianten. Da werden die kleinen Bleigeschosse aus dem vorbeifahrenden Auto abgefeuert, vom Beifahrer auf dem Moped, vom Fenster oder dem Balkon des Wohnhauses aus oder gar aus zehn Schritten Entfernung – in einigen Fällen gar mitten ins Gesicht. Im Juli 2018 hat es ein kleines Roma-Mädchen getroffen, das von der Mutter im Arm gehalten wurde. Sie befanden sich in der Nähe ihrer Barackensiedlung am Stadtrand von Rom. Der Schütze, ein 59-jähriger Rentner, stand noch mit seinem Luftdruckgewehr auf dem Balkon, als das Mädchen in Schreie ausbrach. Sie bleibt möglicherweise gelähmt. Das rief sogar Staatspräsident Sergio Mattarella auf

den Plan: „Italien darf nicht zum Far West werden, wo irgend-
wer ein Gewehr kauft und vom Balkon aus einem einjährigen
Mädchen die Gesundheit und Zukunft raubt. Das ist Barbarei
und muss geächtet werden."

Ebenso mit einem Gewehr, aber einem richtigen, schoss am
2. Juli 2018 ein 43-jähriger Landwirt in Kalabrien auf drei Migranten und tötete dabei einen von ihnen. Das Opfer, der 29-jäh-
rige Saumayla Sacko, stammte wie seine beiden Begleiter aus
Mali. Sie waren auf dem Gelände einer stillgelegten Ziegelfab-
rik unterwegs und sammelten Blechteile, mit denen sie ihre Be-
hausungen befestigen wollten. Alle drei wohnten im Baracken-
Ghetto von Rosarno und San Ferdinando, in dem während der
Orangen-Erntezeit bis zu 2000 afrikanische Saisonkräfte in
sklavenähnlichen Verhältnissen arbeiten und leben. Der er-
schossene Saumayla Sacko war zudem ein bekannter und ge-
schätzter Aktivist der Gewerkschaft, die sich für die Rechte der
Erntehelfer einsetzt. Aber das war nicht der Grund für die tödli-
chen Schüsse. Der verhaftete Bauer erklärte seine Tat mit seiner
Wut, weil Migranten wiederholt Material von der aufgelassenen
Fabrik auf seinem Grundstück „gestohlen" hätten.

Macerata – die Wut des weißen Mannes

„Macerata Burning" schrieb der Kommentator Massimo Gian-
nini in *La Repubblica* in Anlehnung an den Film „Mississip-
pi Burning" über rassistische Morde des Ku-Klux-Klans 1964.
Aber was in der mittelalterlichen Stadt südlich von Ancona
passiert ist, gleicht viel mehr den in den USA immer wieder
angerichteten Blutbädern, verübt von Einzeltätern. Eine Mischung aus Amoklauf und Rachefeldzug von halbverrückten
Außenseitern, fanatisierten, militaristischen, rassistischen, oft
neonazistischen *white supremacists*. Bis zum 3. Februar 2018
war dieses Phänomen in Italien unbekannt.

Es ist ein Samstagvormittag. Der schwarze Alfa Romeo 147 kurvt langsam durch die Straßen des Städtchens. Die Seitenfenster sind heruntergefahren, laute Musik dröhnt aus dem Wagen. Am Lenkrad Luca Traini, 28 Jahre, glatt rasierter Schädel, oberhalb der rechten Schläfe eintätowiert das Symbol der neofaschistischen Gruppe *Terza Posizione*, durchtrainierter Körper, auf dem Nebensitz die Glock 17, geladen und entsichert. Er ist auf der Suche, auf der Jagd nach schwarzen Drogendealern, fährt die halbe Innenstadt ab. Und weil er um diese Tageszeit keine Dealer finden kann, schießt er eben auf alle Schwarzen, die ihm unterkommen. Auf den 22-jährigen Mahamadou Toure und den 25-jährigen Diabj Makan bei der Bushaltestelle. Mahamadou sinkt angeschossen zu Boden. Traini fährt weiter und schießt weiter. Auf zwei afrikanische Jugendliche vor dem Tiffany-Kino, dann auf den Bettler vor der Apotheke, dann auf ein Mädchen vor dem Bahnhof, dort auf einen Jungen auf dem Gehsteig … Gezielt geschossen hat Traini auf neun Schwarze, getroffen hat er sechs von ihnen: Mahamadou Toure an der Hüfte, Gideon Azeke in den Oberschenkel, Festus Omagbon in den linken Arm, Omar Fader ins Gesäß, Jennifer Otiotio an der linken Schulter. Kofi Wilson hat es am schlimmsten erwischt, in den Brustkorb mit Durchschuss, er hat überlebt.

In der Innenstadt herrscht Panik, die ersten Polizeisirenen heulen, doch Traini fährt mit normalem Tempo aus der Stadt. Geht in eine Bar, bestellt ein *panino*, ein belegtes Brötchen. Er hört die Dringend-Durchsagen im Radio von der Suche nach einem schwarzen Alfa 147, geht zu seinem Wagen und fährt nach Hause. Er will nicht fliehen, sondern es der Mutter sagen, erklären. Sie soll es nicht von den anderen erfahren. Dann führt ihn die Fahrt noch an jene Stelle, an der vier Tage zuvor die zerstückelte Leiche der 18-jährigen Drogenabhängigen Pamela Mastropietro gefunden wurde. Als Beschuldigter wurde ein schwarzer Dealer verhaftet. Zu den vielen Blumen und Kerzen stellt Traini seine Kerze hin, die mit dem Abbild Mussolinis drauf, und betet das Ave Maria. Sein letzter Weg führt ihn schließlich über den Corso Cavour auf die Piazza della Vittoria, den Siegesplatz. Die mitgebrachte Trikolore-Fahne um die Schultern geworfen, schreitet Traini zum Denkmal für die Gefallenen, hebt den rechten Arm zum römischen Gruß und ruft: *„Viva l'Italia!"* Den herbeigerasten Carabinieri ergibt er sich ohne Umstände.

Il lupo – der Wolf

Luca Traini war nicht unpolitisch, nicht einfach nur Rassist. Obwohl für jene, die ihn schon länger kennen, seine Sympathien für die neofaschistischen Organisationen *CasaPound* und *Forza Nuova* nie ein Geheimnis waren, wurde er 2017 als Kandidat der *Lega* Salvinis bei Gemeinderatswahlen aufgestellt. Bei zwei Wahlkampfauftritten Salvinis war Traini sogar im Ordnerdienst. Es gibt auch ein Video auf YouTube, das Traini zeigt, wie er Matteo Salvini die Hand reicht und dieser sie schüttelt. Er könne ja nicht jeden Fan kennen, der zu seinen unzähligen Wahlveranstaltungen komme, rechtfertigte sich Salvini. Ebenso wenig konnte er wissen, dass Trainis Zimmer mit einschlägigen Plakaten tapeziert war und in den Regalen neben „Mein Kampf" den Faschismus glorifizierende Bücher standen.

Genauer wissen wollte es Ezio Mauro, der langjährige Chefredakteur der linksliberalen *La Repubblica*. In seinem Buch „L'uomo bianco" („Der weiße Mann") rekonstruiert der renommierte Autor nicht nur minutiös die Ereignisse und Hintergründe des Gemetzels von Macerata, sondern auch den biografisch-sozialen Werdegang Luca Trainis: die ersten Selbstverletzungen mit 14 in der Schule, der Dauerstreit mit dem Vater, die Beschützerrolle gegenüber der immer leidenden Mutter, das Mobbing der Jugendbande, die 116 Kilo Übergewicht. Schulabbrecher, Gelegenheitsarbeiter als Maurer, Elektriker, in der Landwirtschaft, beim Metzger ... und dann das Bodybuilding. Endlich etwas, das ihn stark macht, ihm den Job als Türsteher und Aufpasser bei Diskotheken und Techno-partys verschafft, Waffenpass als Sportschütze. Freunde bringt das keine, dazu ist er schon zu sehr Außenseiter, Einzelgänger. Da gibt er sich selbst den Spitznamen *Il lupo*, der Wolf, und so wird er seither genannt.

Schwierig und schmerzvoll waren auch Trainis Erfahrungen mit Frauen. Die erste große Liebe verlässt ihn nach vielen Jahren, um kurz darauf mit einem Italo-Syrer zusammenzusein. Dann zwei unglückliche Verhältnisse, beide Male mit drogenabhängigen Mädchen. Er, der nicht trinkt und nur selten raucht, versucht sie von den Drogen und den Dealern loszueisen, vergeblich. Eifersucht, Ohnmachtsgefühle, Hass. Es klingt glaubwürdig, dass Luca Traini wenige Tage nach dem Auffinden der Leiche Pamelas, die in einer nahegelegenen Hilfs-Community für Drogenabhängige gelebt hatte, deshalb zum blindwütig schießenden Rächer, zum Wolf geworden ist.

Der „forgotten man"

In seinem „L'uomo bianco" setzt Ezio Mauro den Amoklauf von Macerata in Bezug zu all den übrigen täglichen, zum Glück weniger folgenreichen, aber immer fremdenfeindlichen und rassistischen Gewalttaten und stellt die Frage: Was hat Italien so verändert? Was hat die Maßstäbe für das Handeln der Individuen so verschoben? Wie konnte es so weit kommen, dass der soziale Code für den Umgang miteinander, die „Sitten" einer modernen, zivilen Gesellschaft so verkommen, alle Tabus verblasst sind?

Die Ursachen sieht Mauro in der gewaltigen Erschütterung, die seit drei Jahrzehnten der Globalisierung die gesamte

Welt verändert und den „forgotten man" erzeugt hat. Eine gesellschaftliche Mutation sei im Gange und das Ende einer Epoche, wir befänden uns in einem „Nicht-Mehr und Noch-Nicht", wie er es in „Babel", einem Dialogbuch mit dem Philosophen Zygmunt Bauman, erörtert hat.

Ich treffe Ezio Mauro zu einem Gespräch in Rom, er beginnt das Gespräch mit einer Selbstkritik. „Wir alle haben den Fehler begangen, nur die positiven Aspekte der Globalisierung zu sehen. Wir haben diese Öffnung als Tochter des Kosmopolitismus gesehen, haben uns aber nicht die Frage gestellt, ob und wie wir sie lenken müssen. Jetzt erleben wir eine Metamorphose, die nicht als begleiteter Prozess stattfindet, sondern nach einem harten Bruch ohne Orientierung, ohne politische und kulturelle Modelle abläuft. Der Soziologe Ulrich Beck sagt, der Kern der Demokratie, die auf der Arbeit aufgebaut ist, sei ein Pakt aus Kapitalismus, politischer Vertretung und *welfare state*. Diese Allianz ist dabei, zu zerbrechen, das ist derzeit das große Risiko. Und die Menschen haben das Gefühl, dass die Dinge völlig unkontrolliert aus dem Ruder laufen.

Schauen wir uns die großen Herausforderungen an, den Dschihadismus und den IS, die Arbeitslosigkeit, die in unserem Land dramatisch ist, die Migrationsfrage [...], das sind alles Phänomene, die jede nationale Dimension übersteigen. Und wenn sich die Bürger an den Staat, ans Parlament, an die nationalen Politiker mit dem Ruf um Hilfe und Schutz wenden, sind diese überfordert, hilflos. Also fühlt sich der Bürger ungeschützt, ohne Dach, ausgeliefert. Seit Langem warne ich davor, die Auswirkungen der Wirtschaftskrise zu unterschätzen. Die Krise war der mächtigste Akteur dieses Jahrzehnts. Sie hat sämtliche sozialen Beziehungen verändert und dabei die soziale Ungleichheit in Ausgrenzung verwandelt."

Die Demokratie sei an einem kritischen Punkt angelangt und ernsthaft gefährdet, in den meisten westlichen Ländern, aber in Italien besonders, betont Mauro. Die Frage, ob Italien das schwächste Glied in der Kette sei oder eher ein Labor und einen Vorreiter zukünftiger Entwicklungen darstelle, sei dialektisch zu sehen.

„Italien ist das schwächste Glied der Kette – wirtschaftlich, sozial und auch kulturell – und gerade deshalb ist Italien das Labor. Denn die Auflösung der seit der Nachkriegszeit geltenden politischen Kultur hat nur Wüste und Sumpf hinterlassen, in denen der Baum des Populismus gedeiht. Wir sind im Jahr Null angelangt. Und da kommen wir wieder zur Krise. Die Demokratie verträgt nämlich soziale Ungleichheiten, auch wenn sie ihr nicht gefallen. Dann sagt die Demokratie der Politik: ‚Tu was, du musst die Ungleichheiten reduzieren.' Und die Politik hat in der Vergangenheit viel getan. Sie hat den Wohlfahrtsstaat erfunden, die Schulpflicht, das allgemeine Gesundheitswesen – das sind alles soziale Stoßdämpfer, die es der Demokratie erlauben, mit Ungleichheiten zu leben, von denen sie weiß, dass sie nie ganz eliminiert werden können.

Heute kann der Bürger sagen: ‚Du liebe Demokratie, du bestehst aus schönen Worten und herrlichen Prinzipien, aber die gelten nur für die Abgesicherten. Deine Verfassung, an die ich geglaubt habe, nützt mir nichts mehr, seit ich keine Arbeit mehr finde und meine Familie nicht erhalten kann. Was soll ich mit deinen schönen Worten.' Und so macht der Bürger eine gefährliche Übertragung. Weil die Politik nicht funktioniert, verliert er das Vertrauen. Für ihn funktioniert das gesamte System Demokratie nicht mehr. Also folgt er jemandem, der dem gesamten System täglich Tritte versetzt. Jemandem, der schreit: ‚Die sind alle gleich, die gesamte Politik seit dem Krieg war eine Sauerei.' Da wird alles in einen Topf geworfen, da wird kein Unterschied mehr gemacht zwischen Faschismus, Widerstand der *Resistenza*, Demokratie. Das Ergebnis ist das neuerliche Aufkommen von faschistischen Elementen und Phänomenen."

Renaissance
des Neofaschismus

Die von Ezio Mauro angesprochenen „faschistischen Elemente und Phänomene" haben in Italien auch nach 1945 nie aufgehört zu existieren (siehe Seite 119 ff.), aber in jüngster Zeit erleben sie eine wahrhaftige Renaissance, haben an Sichtbarkeit und an Gewaltbereitschaft gewonnen. Eine Auswirkung dessen erlebt man beim Besuch der Redaktion der Zeitung *La Repubblica* und des Wochenmagazins *L'Espresso* in der Via Cristoforo Colombo, 30 Autominuten vom Zentrum Roms entfernt. Kein Schild, keine Aufschrift, kein Logo, kein Name, auch nicht an der Gegensprechanlage. Das Tor zum Innenhof des Gebäudekomplexes ist ein massives Metallgitter, der Zugang zum Redaktionshaus führt durch zwei nur von innen zu öffnende Glastüren, dann folgen Sicherheitskontrollen und Schleusen wie am Flughafen. Die große Vorsicht hat ihre Gründe. Anfang Dezember 2018 drangen zwei Dutzend Aktivisten der rechtsextremen *Forza Nuova* in den Innenhof ein. Vermummt, mit Nebelkerzen und bengalischen Handfackeln wie im Fußballstadion bewaffnet, entrollten sie Transparente, bewarfen die Fenster mit Gegenständen und verkündeten per Megafon die politische Botschaft ihrer „Blitz-Aktion": „Das ist der Auftakt unseres Krieges gegen die Feinde Italiens – gegen Freimaurer, subversive Richter, die nigerianische Mafia, die antinationalen Immigrationisten, die Zeitungen, den Raubtierkapitalismus [...] *Forza Nuova* bedeutet radikaler Kampf gegen das System, freie Stimme gegen die Repression, Aktion und Gegenmacht – und eine brüderliche Umarmung an das rebellierende Paris!" Gemeint waren die seit Wochen protestierenden Gelbwesten. Die Aktion filmten sie und stellten das Video ins Internet.

Ohrfeigen, Faustschläge, Fußtritte und wüste Drohungen hagelte es am 7. Januar 2019 für einen Journalisten und einen

Fotografen des *L'Espresso* am Römer Friedhof Campo Verano, für seine vielen Gräber großer Persönlichkeiten bekannt. Wie jedes Jahr hatte sich vor dem 1932 errichteten „Mausoleum für die faschistischen Märtyrer" eine große Schar Rechtsextremer zum Gedenken an zwei der Ihren versammelt. Ein bekanntes Ritual, das sich mehrmals im Jahr abspielt, nicht nur auf Roms Friedhöfen. Einige an die „gefallenen Kameraden" erinnernde Worte, das Gelöbnis, weiterhin und immer für die patriotische, nationale, faschistische Sache zu kämpfen, dann der martialische Ruf: „Habt acht!" Die Männer stehen stramm, reißen den rechten Arm hoch zum römischen Gruß und antworten: *„Presente!"* Drei Mal in Folge, dann eine Schweigeminute. Am 7. Januar ist die Zusammenkunft immer besonders aufgeladen, weil zweier junger Männer gedacht wird, die 1978 von linken Terroristen kaltblütig erschossen wurden, als sie das Parteilokal des neofaschistischen *Movimento Sociale Italiano* verließen. Diesmal waren Anhänger und bekannte Führer von gleich drei Organisationen erschienen: von der mächtigsten und traditionsreichen *Forza Nuova*, der verbotenen *Avanguardia Nazionale* und der kleineren *Fiamme Nere* (Schwarze Flammen).

Dass Journalisten bei solchen Gelegenheiten beschimpft, bedroht und verjagt werden, ist keine Seltenheit. Diesmal fielen gleich nach der Schweigeminute ein Dutzend Männer über den Fotografen und den Journalisten her. Sie erzwangen die Herausgabe des Kamera-Chips, löschten eigenhändig die Bilder am Handy des Journalisten und erzwangen die Auslieferung der Personalausweise. Einer aus der Gruppe hielt plötzlich eine Pistole in der Hand und drohte: „Ich schieß dir gleich in den Schädel." Erst in diesem Augenblick schritt die Polizei ein. Sie war bis dahin, in Zivil und streng diskret, abwartend im Hintergrund geblieben. Der Mann mit der Waffe konnte davonlaufen.

Die zwei später angezeigten Rädelsführer hätten gar nicht am Friedhof sein dürfen. Der Chef der Römer Sektion von *Forza Nuova*, Giuliano Castellino, weil er eine Strafe im Hausarrest abbüßt, und Vincenzo Nardulli, weil er als prominentes Mitglied der schon seit Jahren verbotenen *Avanguardia Nazionale* politischen Aktivitäten abgeschworen hatte. Beide wurden angezeigt, allerdings lediglich wegen Bedrohung und Körperverletzung, nicht wegen Wiederbetätigung.

Die wankelmütige Justiz

Bei den mehrmals im Monat irgendwo im Land abgehaltenen Aufmärschen, Gedenkfeiern, Versammlungen und Konzerten kommt es immer wieder zu Auseinandersetzungen mit Gegendemonstranten und Polizei. Ob wegen Verherrlichung des Faschismus, Wiederbetätigung oder gar Wiedergründung einer faschistischen Partei Anzeige erstattet und ein Verfahren eingeleitet wird, hängt davon ab, ob der Widerstandsverband ANPI, ein Bürgermeister oder ein Verein aktiv wird. Aber selbst wenn bei rechtsextremen Großereignissen die für die Bekämpfung von Terrorismus und Extremismus zuständige Abteilung der Staatspolizei DIGOS Fotos und Videoaufnahmen macht und der Staatsanwaltschaft Meldung erstattet, ist der Ausgang der Affäre ungewiss. Denn allein zwischen 2016 und 2019 hat es ein Dutzend Gerichtsverfahren mit diametral entgegengesetzten Urteilen gegeben – einige Schuldsprüche und doppelt so viele Freisprüche. Hauptverantwortlich dafür ist das Höchstgericht. In zwei Verfahren hat dieses nämlich ein nur dem Schein nach salomonisches Urteil gesprochen: der römische Gruß, das Tragen von faschistischen Abzeichen und Insignien, von Uniformen und Fahnen aus dem *Ventennio,* wie die Mussolini-Zeit genannt wird, ebenso das Singen der Lieder aus jener Zeit, ist *nicht* strafbar, wenn dies zu kommemorativen Zwecken, bei Totenehrungen, bei Gedenkfeierlichkeiten und Erinnerungs-Zusammenkünften geschieht. Das öffnet dem Interpretationsspielraum der Richter Tür und

Tor. So wurden zwar Rechtsextreme wegen des kollektiven faschistischen Grußes mit entsprechenden Rufen während des Abspielens der Nationalhymne am Tag der Befreiung, dem 25. April, verurteilt. Das wurde als politisches Statement gegen die Republik interpretiert. Andererseits hat ein Mailänder Gericht drei Angeklagte des Vereins „Kämpfer der 29. Grenadier-Division der Waffen SS" freigesprochen, die am 24. April am Mailänder Friedhof mit Nazi-Uniformen und allem nostalgischen Zubehör vor den Gräbern der Kameraden aus der *Repubblica di Salò* samt mehrmaligen „Sieg-Heil-Rufen" aufmarschiert waren. Das sei keine Huldigung des Nationalsozialismus gewesen, sondern nur ein Gedenken an die Kämpfer der Mussolini-Schrumpfrepublik (unter deutscher Besatzung und deutschem Kommando).

Schwarze 100-Jahr-Feiern

Am 23. März 1919 hat Benito Mussolini in Mailand, in einem Saal der Industrie- und Handelskammer auf der Piazza San Sepolcro, die *Fasci di combattimento* gegründet. Ihr Wahrzeichen wurden die *Fascis* – ein mit Lederriemen verschnürtes Rutenbündel, in dem ein Beil steckt –, auch Liktorenbündel genannt, weil es im Römischen Reich von Staatsdienern (Liktoren) als Amtssymbol vor Königen, Diktatoren, Konsuln und Prätoren hergetragen wurde. Die *Fasci* waren politische Bewegung und kämpferische Miliz zugleich, deshalb *di combattimento* (Kampf). Diese in *squadre* (Mannschaften) organisierte Miliz in Schwarzhemden ist bis heute wegen ihrer gewaltsamen und bewaffneten Aktionen berühmt-berüchtigt. Der *squadrismo* richtete sich gegen die schon zu Kriegsende im ganzen Land aufgeflammten sozialen Kämpfe mit Demonstrationen, Streiks, Besetzungen von Fabriken und Land der Großgrundbesitzer. Die *Fasci* mischten bei der Niederschlagung der Kämpfe durch die Polizei der Monarchie mit oder agierten autonom gegen Gewerkschaften und linke Parteien. Gab es kurz nach ihrer Gründung 120 *Fasci*-Milizen, war ihre Anzahl 1921 landesweit schon auf über 2000 angestiegen, mit mehr als einer halben Million Mitgliedern. Sie ebneten Mussolini den Weg zur Macht.

Zur Erinnerung an diese „glorreiche" Epoche haben die verschiedenen neofaschistischen Gruppen und Organisationen zu Ehrungen und 100-Jahr-Feiern aufgerufen und auf Facebook sowie einer eigenen Internetplattform unter dem Titel „Centennario 1919–1922" einen Kalender mit sämtlichen „denkwürdigen" Jahrestagen erstellt.

Öffentlich und amtsbekannt sind derzeit 18 neofaschistische Formationen mit insgesamt rund 25.000 bis 30.000 Mitgliedern. Landesweite Verbreitung haben *Forza Nuova*, *CasaPound* und in geringerem Ausmaß *Fiamma Tricolore*. Daneben gibt es 15 kleinere, meist lokal begrenzte Gruppen mit ebenso vielen unmissverständlichen Namen wie *Fiamma Nazionale, Movimento Fascismo e Libertà – Partito Socialista Nazionale, Fasci italiani del lavoro, Lealtà Azione, Militia, Veneto Fronte Skinheads, Militia Christi* usw.

Forza Nuova

Forza Nuova ist die ältere der beiden dominierenden neofaschistischen Organisationen. Wenn sie zu nationalen Aufmärschen mobilisieren, wie am 4. November zum *Giorno della Vittoria*, dem „Siegestag" des Ersten Weltkriegs, dann marschieren ein paar Tausend fahnenschwenkende, meist grimmige, *„orgoglio nazionale"* (nationaler Stolz) rufende Männer in Reih und Glied. 2017 zogen sie in Rom zum „quadratischen Kolosseum", dem unter Mussolini erbauten Weltausstellungs-Palais.

Prominent voran schreitet bei solchen Gelegenheiten der Gründer der Partei, Roberto Fiore, ein Veteran der schwarzen

Sache. Als Schüler des von den Faschisten verehrten Esoterikers und Rassentheoretikers Julius Evola war Fiore der Anführer der militanten Truppe *Terza Posizione* (Dritte Position). Von 1978 bis zu ihrem Verbot vier Jahre später propagierte sie die Ablehnung des Kommunismus ebenso wie des Kapitalismus. Vor allem aber gingen aus ihr eine Reihe der bekanntesten rechtsextremen Terroristen hervor. Drei von Fiores engsten Ex-Kameraden wurden für das Bombenattentat 1980 auf den Bahnhof von Bologna mit 85 Todesopfern verurteilt. Fiore selbst wurde in diesem Zusammenhang wegen Unterstützung einer subversiven, bewaffneten Vereinigung in letzter Instanz zu fünfeinhalb Jahren Haft verurteilt. Er hatte sich allerdings schon nach Großbritannien abgesetzt, wo er 19 Jahre lang lebte und ein Immobilien-Imperium mit 1300 Appartements aufbaute. Nach Recherchen englischer Medien haben Fiore und sein ebenso nach London geflüchteter Gründungs-Kompagnon von *Terza Posizione*, Massimo Morsello, in dieser Zeit wiederholt mit dem Geheimdienst MI6 zusammengearbeitet. Zum selben Schluss gelangte 1999 ein Bericht der ersten Untersuchungskommission des EU-Parlaments über Rassismus und Xenophobie. Mit dem bekannten britischen Rechtsextremisten Nick Griffin gründete Fiore die *International Third Position* und begann 1997 von London aus mit dem Aufbau von *Forza Nuova*. 1999 kehrte Roberto Fiore als freier und reicher Bürger nach Italien zurück, seine Haftstrafe war verjährt. Fiore ist seither offiziell der Chef der Partei.

In seiner Jugend gewaltbereiter Kämpfer, gibt der Sohn einer bürgerlichen römischen Familie und mit einem als glühender Aktivist der Mussolini-Republik von Salò gewürdigten Vater heute gerne den gereiften Visionär und Retter des Abendlandes. Als Faschist bezeichnet zu werden, sei durchaus ehrenwert, denn heute seien die Faschisten genau wie damals die Avantgarde. Für die Größe der Nation natürlich, aber es gehe auch um die neue Erweckung eines patriotischen, christlichen und abendländischen Europas, eines Groß-Europas mit Russland als führender Kraft. *„Dio, patria e famiglia"* (Gott, Heimat und Familie), der Leitspruch Mussolinis, ist auch heute oberster Slogan des elffachen Vaters Roberto Fiore und seiner Partei. Abtreibung, Homo-Ehe, „Uterus in Miete" und Gendertheorien zersetzten die Gesellschaft, den Müttern gebühre ein Gehalt zur Geburtenförderung, das Eigenheim für Familien soll staatlich gefördert werden. Andere Forderungen von *Forza Nuova* haben eine geradezu antiimperialistisch-sozialistische Schlagseite: Austritt aus der NATO, der EU und dem Euro, Einführung einer „Volkswährung", die Arbeiter sollen bei der Führung der Betriebe mitbestimmen. Und als zentrale, oberste Forderung: Grenzen dicht, Null-Einwanderung, unerwünschte Migranten zurück in die Herkunftsländer, Entsendung italienischer Militäreinheiten nach Afrika zur Bekämpfung der dortigen Mafia sowie zur Leitung von Flüchtlingslagern vor Ort – Mussolinis Afrika-Expeditionen lassen grüßen.

Die von Roberto Fiore gerne zur Schau gestellte Rolle des Abendlandretters im Zweireiher-Anzug hindert seine Männer allerdings nicht, ihre Propaganda durch gewaltsame Aktionen zu untermauern. Ihre „Spaziergänge für die Sicherheit" durch Parks und Stadtviertel arten meist in Prügelorgien mit Baseballschlägern, Eisenketten und Schlagringen aus. Die Opfer sind fast immer Migranten und Flüchtlinge. Aber auch Regenbogenveranstaltungen, linke Kulturvereinigungen, Sozialzentren und Ambulatorien, in denen Abtreibungen vorgenommen werden, sind beliebte Einsatzziele. Laut italienischem Innenministerium gab es gegen Mitglieder von *Forza Nuova* zwischen 2011 und 2016 240 Anzeigen infolge von Gewalttaten, eine Aktion pro Woche in der besten Tradition des *squadrismo* der Schwarzhemden. Das hinderte *Forza Nuova* und mit ihnen verbündete Kandidaten gewisser Bürgerlisten nicht, bei Wahlen Sitze in Gemeinderäten zu erringen. Bei den letzten Parlamentswahlen schnitt die Partei gemeinsam mit der *Fiamma*

Tricolore jedoch schlecht ab – 0,37 Prozent oder 120.000 Stimmen. Das sind in etwa gleich viel wie bei den beiden vorhergehenden Parlamentswahlen. Mit knapp 1 Prozent und mehr als 310.000 Stimmen deutlich besser ist das Ergebnis der jungen Partei *CasaPound*.

CasaPound Italia – Fascisti del terzo millennio

Sie sind jung, hyperaktiv, urban und irgendwie anders als die traditionellen rechtsextremen Organisationen. Sie sind auch die einzigen, die den Namen *Fascisti* mit Stolz verwenden. „Es stimmt, wir sind Faschisten, aber des dritten Jahrtausends." Diesen Satz kann man jederzeit hören, von den prominenten Anführern abwärts bis zum 17-jährigen Aktivisten ihrer Schüler- und Studentenorganisation *Blocco studentesco*. Obwohl aus wahltechnischen Überlegungen mittlerweile auch als Partei konstituiert, ist *CasaPound* eine Bewegung geblieben, entstanden aus der Hausbesetzerszene in der italienischen Hauptstadt. Daher auch der Name, der erstmals für ein besetztes Haus gewählt wurde: *casa* für Haus und *Pound,* Nachname des bedeutenden amerikanischen Dichters Erza Pound. Das „Pound-Haus" also.

Ezra Pound war Privatsekretär des irischen Nobelpreisträgers William Butler Yeats, befreundet mit T.S. Eliot und James Joyce, während seiner Pariser Jahre mit Picasso, Braque, Jean Cocteau und Erik Satie, Pier Paolo Pasolini war Promotor und Gestalter eines Dokumentarfilms über Ezra Pound für das italienische Fernsehen, in dem er selbst Pounds Lyrik auf Italienisch vortrug, und Ernest Hemingway setzte sich für die Freilassung des Dichters aus amerikanischer Haft ein. Der Todesstrafe wegen Landesverrats aufgrund von enthusiastischer Unterstützung Mussolinis entging Pound nur, weil er für geisteskrank erklärt wurde. Ezra Pounds Dichtung und Publizistik sind vielfach antiamerikanisch, antikapitalistisch, rassistisch und extrem antisemitisch. In Schriften und Radioansprachen gab er „den reichen Juden", dem Wucher und dem Kapitalismus die Schuld am Zweiten Weltkrieg. Angezogen von den italienischen Futuristen, lebte Pound von 1924 bis zum Kriegsende in Italien, hielt faschistische Propagandareden im englischsprachigen Weltsender von Radio Rom (*Europe calling, Ezra Pound speaking!*) und verfasste ein Huldigungsbuch über Mussolini.

Die neuen Faschisten des dritten Millenniums huldigen Ezra Pound natürlich wegen dessen rassistisch-antisemitischer Thesen. Gleichermaßen wichtig ist ihnen die von Pound unter dem Faschismus propagierte antikommunistische, aber ebenso antikapitalistische Haltung. Pound entwarf sogar Wirtschaftstheorien, die er als „dritten Weg" zwischen Liberalismus und Kollektivismus sah und bei seinem einzigen persönlichen Treffen mit Mussolini diesem vortrug.

All das findet sich in den Forderungen und der politischen Praxis von *CasaPound* wieder. Intellektuell weder links noch rechts, werden neben Pound der Esoteriker und Rassentheoretiker Julius Evola verehrt, aber ebenso Che Guevara und Hugo Chávez. Und regelmäßig werden Debatten mit Journalisten, Professoren und Politikern organisiert, die bekannt für ihre ablehnende Haltung gegenüber der Rechten sind – sofern sich welche finden, die dazu bereit sind. Wirtschaftlich und sozial sind Teile des umfangreichen Programms fast deckungsgleich mit linken Losungen: staatlich geförderter Wohnraum für Familien, gerechte Entlohnung, gegen Ausbeutung und Prekariat, gegen die multinationalen Konzerne. Aber auch für ökologische Wirtschaft mit allem, was es an grünen Forderungen geben kann. Und auch für den Austritt aus der EU und dem Euro, weil die nationale Souveränität doch über allem steht.

Solidarität und soziales Engagement werden bei *CasaPound* auch handfest praktiziert. In vielen Städten hat die Organisation eigene Gruppen für den Zivilschutz ausgebildet und ausgerüstet, die schon mehrfach bei Überschwemmungen und anderen Katastrophen freiwillig zum Einsatz kamen. Die wenigen Frauen der Organisation findet man eher bei der Sammlung von Nahrungsmitteln und Kleidern, die an Bedürftige in armen Stadtteilen verteilt werden. Obdachlose Familien berät und schützt man bei der Besetzung leerstehender Wohnungen, andere werden auf Amtswegen begleitet.

Solidarität ja, aber natürlich nur mit Italienern, nicht mit Flüchtlingen, Migranten oder Roma. *„Prima gli italiani"*, Italiener zuerst. Das bleibt auch im dritten Millennium – dritter Weg hin oder her – das Primat schlechthin. Denn auch *CasaPound* sieht die von so vielen Rechten und Rechtsextremen als drohende Gefahr beschworene „Substitution der europäischen Völker" durch Afrikaner und Moslems als imminente Bedrohung. Also Grenzen dicht, Rückführung der Migranten, Schutz der Italiener. In dieser Hinsicht unterscheidet sich *CasaPound* nicht von allen übrigen Neofaschisten, auch nicht in ihren gewalttätigen Aktionen gegen Farbige, Linke und „Gutmenschen". So etwa, wenn heftige Auseinandersetzungen mit der Polizei in Kauf genommen werden, um zu verhindern, dass Migranten Sozialwohnungen beziehen, obwohl sie aufgrund ihres Status als arbeitende, Steuern zahlende und mit Aufenthaltsgenehmigung versehene Bürger ein Anrecht darauf haben. Oder bei Demonstrationen vor Flüchtlingsunterkünften und Roma-Siedlungen. Auch bei spektakulären Blitz-Aktionen wie der Stürmung von TV-Studios bei laufender Sendung oder des Römer Gemeinderats während der Sitzung ist *CasaPound* bestens organisiert und effizient, weil der Flashmob ohnehin zur beliebten modernen Form des seit jeher von Faschisten propagierten Aktionismus mit Körpereinsatz propagiert wird. Und bei ihren Massenaufmärschen wirken die *CasaPound*-Aktivisten meist noch martialischer und disziplinierter im Schritt, begeisterter beim faschistischen Gruß und lauter beim Brüllen ihrer Losungen als andere Neofaschisten. In den fünf Jahren zwischen 2011 und 2016 wurden 359 *CasaPound*-Mitglieder aufgrund von Gewalttaten angezeigt, das sind sechs Anzeigen pro Monat. Dass der zumindest äußerlich alles eher denn wie ein Schlägertyp aussehende Parteichef Simone di Stefano während des langen Wahlkampfes 2018 trotzdem wochenlang in Radio und Fernsehen sein Loblied auf den Faschismus neuen Typs singen durfte – hauptsächlich in den gesetzlich vorgesehenen Belangsendungen, aber auch in Interviews ohne eine kritische Frage –, das ist vielsagend für den Umgang Italiens mit dem Neofaschismus.

Was *CasaPound* für viele Jugendliche anziehend macht, ist ihre aus der Entstehungszeit in der Hausbesetzerszene beibehaltene Betonung der sozialen Beziehungen untereinander. Ihre Parteilokale sind teils besetzte Gebäude, in denen auch gewohnt wird, einer ihrer Anführer ist Gründer und Leiter einer „nonkonformistischen" Theatergruppe. Auftritte rechter Musikgruppen im Metal- oder Rap-Stil, bei denen getanzt und gefeiert wird, aber auch Bücherflohmärkte und anspruchsvolle Lesezirkel, Videokunst und sogar eine eigene Bekleidungslinie sorgen nicht nur für Zugehörigkeitsgefühl, sondern sind in Stil und Habitus der allgemeinen Jugendszene-Kultur sehr nah. Der Südtiroler Historiker und Faschismus-Experte Hannes Obermair spricht von einer Fusion von Popkultur und Neofaschismus, wertet *CasaPound* jedoch als eine „Karikatur des Faschismus".

Auch Ezio Mauro schätzt die Natur der neofaschistischen Gruppen nicht als Nostalgie nach dem historischen Faschismus ein, sondern eher als radikale Formen des Antagonismus zum System ganz allgemein: „Es gibt viele Brandherde eines wiedererwachenden Neofaschismus, losgelöst von jeder historischen Organisation. Es ist ein unorganischer, diffuser, flüssiger, situationistischer Faschismus. Er lebt vom Augenblick, von der Situation, wie zum Beispiel bei dem in meinem Buch erwähnten Überfall auf die Flüchtlingshelfer. Da dringen schwarz gekleidete Glatzköpfe in die Büros ein, bedrohen die Anwesenden, lesen deklamatorisch ihr Manifest vor, filmen das Ganze und stellen es ins Internet. Das Schlimme ist, dass solche Aktionen von der Regierung nicht verurteilt oder bestraft, sondern hingenommen werden, als handle es sich um Lausbubenstreiche, obwohl es faschistische Phänomene sind. Aber deshalb zu sagen, die Regierung sei faschistisch, finde ich falsch. Es ist eine Regierung, die täglich an den Mauern der Demokratie rüttelt. Sie spielt andauernd mit für den Faschismus typischen Sprachbildern, Redensarten und Verhaltensweisen. Es ist ein permanentes Rütteln an den in der westlichen Demokratie geltenden Tabus, so als würde jemand ständig gegen die Stadtmauern hämmern, um zu prüfen, wann der Moment gekommen ist, sie einzureißen."

Die in so gut wie allen westlichen Demokratien derzeit erstarkenden Kräfte, die Ezio Mauro am ehesten als national-populistisch bezeichnet, müsse man aufmerksam analysieren und Bezeichnungen und Begriffe mit Bedachtsamkeit verwenden: „Ich möchte die Metapher der Muschel verwenden. Leute wie Ungarns Orbán, aber auch hier bei uns, betreiben eine Politik, die einen frontalen Angriff auf das demokratische System wie in den 1920er-Jahren in Europa nicht nötig hat. Man rette die Form der Demokratie, man vergifte gleichzeitig ihre Substanz und erkläre dabei, dass Demokratie nicht unbedingt liberal zu sein braucht, sich von den Prinzipien der institutionell verbrieften Rechte und Freiheiten lossagen kann. Das ist genau so, als würden wir am Strand die vom Meer angespülten, schön glänzenden Muscheln aufsammeln und, sobald wir sie öffnen, sehen, dass das Tier am Sterben ist. Aus diesem Absterben kann etwas erwachsen, was dem Faschismus gleichkommt, oder es kann etwas dazwischen entstehen. Es kann eine ‚Demokratur‘ entstehen. Man bewahrt den äußeren Rahmen, aber drinnen steckt die eiserne Faust: die eiserne Faust gegen die Gewaltentrennung im Staat, gegen die

Pressefreiheit, gegen die Minderheiten, gegen die Migranten, gegen die „Zigeuner", gegen die Gays. Das sind alles Formen von Faschismus, aber sie ergeben noch nicht ein faschistisches Regime, wie wir es aus der Geschichte kennen. Es sind neue, schleichende Formen der Infragestellung unserer parlamentarischen Demokratie unter dem Deckmantel des Populismus, für die wir neue Namen finden müssen."

Faschismus oder nicht?
Die Debatte

„Ich habe große Angst, ich spüre den Wind von Weimar, einen bedrohlichen Wind. Täglich höre ich einen sagen ‚Ich bin gewählt, hinter mir stehen 60 Millionen Italiener!'. Das ist ein gefährlicher Satz. Auch Adolf ist gewählt worden." So antwortete der fast 80-jährige und immer noch aktive Liedermacher Francesco Guccini Studenten in Pisa auf die Frage, wie er damit umgehe, dass neben Millionen Italienern auch Matteo Salvini sich zu seinen Fans zähle und seine Lieder seit jeher gerne höre. In der Tat ist Guccini seit fünf Jahrzehnten eine unbestrittene Ikone unter jenen *cantautori* wie Fabrizio de André, Francesco de Gregori oder Giorgio Gaber, die mehrere Generationen mit ihren poetischen und zugleich gesellschaftskritischen Liedern begleitet haben. Besonderes Gehör fand seine Weimar-Wind-Aussage aber auch, weil Guccini schon 1966 mit seinem Lied „Auschwitz" Aufsehen und Anerkennung geerntet hatte. „Ich bin gestorben mit anderen Hundert, ich bin gestorben, als ich Kind war, durch den Kamin hindurch, und jetzt bin ich im Wind, und jetzt bin ich im Wind."

„Diese Regierung besteht zur Hälfte aus Faschisten und zur Hälfte aus Arschlöchern!" So eindeutig und empört kanzelte eine weitere italienische Symbolfigur die Regierung aus *Lega* und *5 Sternen* ab: Gino Strada. Der heute 70-jährige Herz- und Unfallchirurg aus Mailand war in den 1970er-Jahren bei den Studentenprotesten aktiv, beteiligte sich zugleich an kirchlich-karitativen Projekten und gründete 1994 gemeinsam mit seiner Frau Teresa und Berufskollegen die medizinische Hilfsorganisation *Emergency*. Mehr als acht Millionen Kriegsopfer in 16 Ländern wurden von den Ärzten und Helfern der Organisation seither gerettet, behandelt und gepflegt. Wegen seines Vorwurfs des Faschismus kritisiert, antwortete der Friedensaktivist Strada, der selbst viele Jahre in Kriegsgebieten zugebracht hat: „Ich werde nie akzeptieren, dass die Regierung meines Landes, egal welcher Farbe sie ist, bewusst und willentlich Menschen sterben lässt. Warum tun sie das? Weil sie Rassisten und Faschisten sind!" Grund für Stradas Zorn ist die von Matteo Salvini seit jeher geforderte und jetzt von ihm als Innenminister umgesetzte restriktive Ausländerpolitik.

Von Kritikern und politischen Gegnern der Salvini-*Lega* waren vergleichbare Aussagen und Warnungen vor einem *Legafascismo* schon länger zu hören. Doch seit der Schließung der italienischen Häfen für Flüchtlinge rettende NGO-Schiffe durch Salvini und der rapiden Zunahme rassistischer und rechtsextremer Gewalttaten gegen Migranten drang die Diskussion über die repressive Politik und eine mögliche Gefahr für die Demokratie auch in die TV-Talkshows, in die beim Zahnarzt und beim Friseur aufliegenden Illustrierten und natürlich an die Bar-Theken vor. Das bewog den angesehenen Historiker und Publizisten Paolo Mieli zu einer geradezu pamphlethaften Warnung.

Aus einer jüdischen Familie stammend, war Mieli in seiner Jugend Aktivist der außerparlamentarischen und radikalen Linken von *Potere Operaio* und nach einer steilen Journalistenkarriere bis 2009 gemäßigter Chefredakteur des bürgerlichen *Corriere della Sera*. In einem Leitartikel des *Corriere* vom Oktober 2018 erinnerte er an die zahlreichen Minister und Staatspräsidenten Italiens, denen seit 1947 – vorwiegend, aber nicht ausschließlich von der Linken – autoritäre oder gar faschistische Politik vorgeworfen wurde. Etwa, weil sie im Parlament die Stimmen des neofaschistischen *Movimento Sociale Italiano* zur Unterstützung ihrer Regierung annahmen, oder weil sie Gesetze beschlossen, die gewisse Rechte einschränkten, oder auch einfach, wenn sie einen egomanisch-autoritären Regierungsstil an den Tag legten wie der Sozialist Bettino

Craxi. Dieser wurde vom berühmtesten Karikaturisten des Landes, Giorgio Forattini, regelmäßig in Mussolini-Haltung mit Schwarzhemd und Stiefeln gezeichnet. Faschistischer Ambitionen seien amerikanische Präsidenten ebenso wie Frankreichs Charles de Gaulle bezichtigt worden, „ganz so, als wären sie ein Caudillo, ein Colonel oder ein Putin, Orbán oder Erdoğan ante litteram gewesen". Diese inflationäre Verwendung des Begriffs Faschismus relativiere nicht nur den Faschismus, wie er tatsächlich stattgefunden habe, sondern verführe auch zu folgenreichen Fehleinschätzungen, meint Paolo Mieli. So habe auch der tonangebende Sozialist und spätere Widerstandskämpfer Gaetano Salvemini 1924 nach der Ermordung des Sozialistenführers Giacomo Matteotti durch faschistische Schwarzhemden vor der Gefahr eines Staatsstreichs der Monarchisten gewarnt, anstatt die vollkommen neuartige, eben faschistische Gefahr Mussolinis zu erkennen. Deshalb müsse man in jeder Epoche die Entwicklung neuer Bewegungen differenziert analysieren und erkennen, anstatt leichtfertig alte Gespenster zu beschwören, noch dazu, wo in Europa seit Jahrzehnten von einem drohenden Faschismus keine Rede sein könne.

Die Antwort folgte auf dem Fuße, aber überraschenderweise nicht von der Linken, sondern von der rechtsintellektuellen, für ihre häufig brillant formulierten Polemiken bekannten Zeitung *Il Foglio*. Man könne sich schon heute den Leitartikel Paolo Mielis in genau zehn Jahren vorstellen. Dann werde er ein ebenso reuiges „mea culpa" liefern wie vor nicht allzu langer Zeit sein Eingeständnis, zehn Jahre zu spät das Ausmaß und die Bedeutung des derzeit anschwellenden Populismus erkannt zu haben. Denn im Unterschied zu den vergangenen Jahrzehnten des Kalten Krieges und eines geeinten Europas, so der Autor, könne man heute die Rückkehr einer nur allzu bekannten Sprache, bestimmter Anschauungen und Haltungen beobachten, die durchaus an Mussolini-Zeiten erinnerten – vom Ausschluss der Migrantenkinder aus der Schulmensa, dem Landeverbot für Flüchtlingsschiffe über rassistische Ausgrenzung bis zum wachsenden Antisemitismus. Man könne nur hoffen, dass Paolo Mieli heute nicht dieselben Fehler begehe wie seinerzeit Salvemini.

Dieser polemische Schlagabtausch war die Initialzündung zu einer lebendigen, bis heute anhaltenden Debatte über die in Italien stattfindende politische Wende und den sich weltweit ausbreitenden Populismus. Was ist es? Worum geht es? Wie soll oder darf man es benennen? Faschismus, faschistoid, halbfaschistisch, nationalpopulistisch, autoritär, souveränistisch, illiberal ...? Keine Zeitung, kein Radiosender, keine TV-Polit-Talkshow, in der nicht Politiker und Politologen, Historiker und Soziologen, Künstler und Kolumnisten leidenschaftlich diskutieren. Die einen warnen vor Übertreibung, die anderen vor Banalisierung oder gar Blindheit. Nur in einem sind sich alle einig: Die übergroße Mehrheit der Bürger ist unzufrieden, verunsichert, hat Angst. Angst vor dem sozialen Abstieg, vor der ungewissen Zukunft, vor dem Fremden. Sie haben das Gefühl, in ihrer Welt bleibe kein Stein auf dem andern und es gebe niemanden, der sie schütze. Den Politikern misstrauen sie, von Experten, Eliten und all „denen da oben" halten sie ebenso wenig, die würden ohnehin nur an sich selbst denken. Die grundtiefe Erschütterung sämtlicher Sicherheiten macht die Menschen empfänglich für die Propaganda sowohl der *5 Sterne* als auch Salvinis.

Faschismus 2.0 – schon „mitten drin"?

Deren Regierungspolitik und Rhetorik zeige schon alle Ingredienzien des Faschismus, wettert die sardische Schriftstellerin Michela Murgia in dem Interview, das ich für dieses Buch mit ihr geführt habe. „Ich glaube nicht, dass in Italien der Faschismus droht – nein, wir sind schon mitten drin im Faschismus! Es ist ein Faschismus, der neue Formen entwickelt, die wir nur schwer durchschauen. Zum Beispiel die Überbetonung der Volksbeteiligung. Sie nährt die Illusion, dass wir alle mitentscheiden können. Man sagt sich – ich kann frei reden, ich bin via Handy auf fünf sozialen Plattformen, ich kann mich ausdrücken, ich schaue fern, ich kann bei Wahlen stimmen, für wen ich will, ich kann demonstrieren gehen, warum sollte es also keine Demokratie sein? Ganz einfach, weil all diese Aktivitäten kaum reales Gewicht haben. Die Demokratie misst sich nicht nur daran, ob man an der Urne abstimmen kann, viel deutlicher messen kann man sie daran, wie viel Freiraum dem Dissens, den Andersdenkenden garantiert bleibt." Die weitgehende Gleichschaltung dominanter Massenmedien durch Druck seitens der Politik, aber vor allem durch Oberflächlichkeit, Schnelllebigkeit, opportunes Einheitsdenken und Selbstzensur gehe Hand in Hand mit einer immer aggressiveren populistischen Propaganda, der Diffamierung des politischen Gegners und vor allem der Frauen. Die spöttisch herabwürdigenden Hass-Tiraden eines Salvini findet Michela Murgia alarmierend. Sie selbst ist seit Monaten Zielscheibe solcher Attacken, öffentlich. In den sozialen Medien steigern sich die Angriffe zu regelrechten Beschimpfungswellen im Stil von „linke Schlampe" und „vergewaltigt sollst du werden", erzählt mir die gar nicht eingeschüchtert, sondern empört, aber energisch und entschlossen wirkende Sardin.

Die für ihre Romane und Theaterstücke preisgekrönte Literatin ist auch kämpferische Aktivistin und Mitbegründerin einer Initiative zur Rettung von Flüchtlingen in Seenot, gestaltet eine Sendung im öffentlich-rechtlichen TV-Sender RAI 3 und hat mit einem kleinen Büchlein im Herbst 2018 für Aufsehen gesorgt: „Istruzioni per diventare fascisti", auf Deutsch ist es im Frühjahr 2019 unter dem Titel „Faschist werden: Eine Anleitung" erschienen. Es ist ein originelles Buch. Eine soziolinguistische Erkundungsreise ins Sprachuniversum und in die Weltsicht moderner Populär-Faschisten, aber nicht theoretisch-analytisch, sondern im gehobenen Stammtisch-Plauderton gehalten. Murgia richtet sich in der Ich-Form und im Stil eines weltanschaulichen Beraters an die Leser:

„Das Buch, das Sie in Händen halten, soll nicht nur zeigen, dass die Demokratie unnütz, sondern sogar schädlich für das Zusammenleben ist – es soll auch beweisen, dass die erprobteste Alternative, der Faschismus, ein wesentlich besseres, kostengünstigeres, schnelleres und effizienteres Staatssystem ist." (S. 5 der italienischen Ausgabe)

Schon in der Einleitung macht Murgia ihren potenziellen Lehrlingen Mut. Der Übergang zum Faschismus könne viel schneller auf der Tagesordnung stehen als gedacht und müsse gar nicht mit klassischer Waffengewalt erfolgen:

„In diesem historischen Augenblick steht uns nämlich ein solcher Überfluss an Instrumenten zur Kontrolle der Massen zur Verfügung, wie ihn kein Faschismus des letzten Jahrhunderts kannte. Das erlaubt uns, etwas völlig Neues zu unternehmen: im Herzen eines jahrzehntealten demokratischen Systems heranzuwachsen und es zu beherrschen, ohne jemals zu einer inneren oder äußeren militärischen Aktion greifen zu müssen. Durch Manipulation der demokratischen Instrumente kann man ein ganzes Land faschistisch machen, ohne auch nur einmal das Wort ‚Faschismus' auszusprechen [...]" (S. 6)

Entsprechend ihrem Credo, „die Worte generieren Verhaltensweisen und wer die Worte kontrolliert, der kontrolliert auch die Verhaltensweisen", breitet die Autorin die gesamte Palette der volkstümelnden Sprech- und Denkweisen aus, aber nicht, um sie zu kritisieren oder lächerlich zu machen, sondern um sie auf provokante Weise zu legitimieren.

Der von den Demokraten importierte Anglizismus *leader* wird wieder durch den viel volksnäheren *capo* ersetzt, der auch wieder durch charismatische Führung ungetrübte Zustimmung und sämtliche Vollmachten erhalten soll. Denn zum Regieren brauche es einen Mann des entschlossenen Handelns, er soll nicht wie der demokratische *leader* auf das Gestreite der unterschiedlichen Meinungen hören, sondern alleine entscheiden und Gehorsamkeit einfordern.

„Nicht alle Populismen sind Faschismen, aber jeder Faschismus ist zuallererst ein Populismus [...] Die Verherrlichung der Eigenschaften des Volkes ist der erste Schritt zur Schaffung eines genuinen Faschismus-Gefühls der Massen. Alles, was vom Volke stammt, ist gesund und wahrhaftig, und selbst wenn es ein wenig tollpatschig daherkommt, muss es umarmt und mit nationaler Gesinnung unterstützt werden." (S. 59)

Das gelte vor allem auch für die Sprache und den Sprachgebrauch. „Die politische Korrektheit hat die frische Aufrichtigkeit unseres Landes abgetötet [...] Wir Faschisten stehen nicht über dem Volk, wir sind das Volk und reden wie das Volk." (S. 54)

Der Faschist muss die Dinge bei ihrem Namen nennen und unter Berufung auf die Redefreiheit das Recht auf seine Sprache zurückerobern. „[...] die Neger sollen wieder Neger werden, die Huren sind keine ‚Sexarbeiterinnen', die Behinderten keine ‚Menschen mit besonderen Bedürfnissen', die gegen jedes Naturgesetz Umgedrehten sollen nicht im unverständlichen Kürzel LGBT kaschiert werden, und wenn mir jemand auf die Eier geht, dann heißt das auf die Eier gehen." (S. 53)

Auch wie die Sprache im Kampf mit Gegnern und Feinden wirkungsreich einzusetzen ist, beschreibt die Anleitung.

„Der Faschismus braucht Leute, die einen Steifen haben und nicht Metrosexuelle im Stile der Gay Pride, die höchstens über die Farbe der Vorhängchen im Wohnzimmer verhandeln können. Aus dem Munde des *capo* [...] müssen Aufforderungen zum Handeln kommen, möglichst mit Verben im Infinitiv wie versenken, niederbügeln, in den A... schicken, mit dem Bagger wegschaufeln, verschrotten [...] Es passen alle Begriffe, die die Beseitigung des Feindes aus dem gemeinsamen Raum suggerieren, indem er mit Kehricht, mit Müll, mit dem Überflüssigen, dem Auslöschbaren assoziiert wird." (S. 55)

Laut Michela Murgia steckt in jedem von uns verborgen ein kleiner Faschist, der durch gesellschaftliche Umstände und entsprechende Propaganda geweckt werden kann. Deshalb hat sie ans Ende ihrer Anleitung ein „Faschistometer" gestellt – einen Selbsttest, wie wir ihn sonst eher aus Lifestyle-Illustrierten kennen. Von 65 Aussprüchen und Sätzen soll der Leser jene anstreichen, die er gutheißt. Eine vierteilige Skala nach Punkteanzahl sagt ihm dann, wie faschistisch er ist – Aspirant, frisch bekehrt, bewusster Aktivist oder vollendeter Patriot. In den Medien hat das Faschistometer viel Aufmerksamkeit geerntet, ebenso Murgias These vom „Faschismus in uns". Sie selbst beruft sich dabei in unserem Gespräch auf Umberto Eco, obwohl dieser eigentlich vom „Ur-Faschismus, der uns umgibt" gesprochen hat.

Umberto Eco und der Ur-Faschismus

Zum 50. Jahrestag der Befreiung Europas vom Nationalsozialismus hat Umberto Eco an der New Yorker Columbia University am 24. April 1995 eine Vorlesung gehalten und dabei den Begriff des „ewigen Faschismus" oder „Ur-Faschismus" kreiert. Der Text wurde von *The New York Review of Books* unter dem Titel „Ur-Fascism" publiziert, in unzählige Sprachen übersetzt und unter anderem auch in der *Zeit* (28/1995) abgedruckt. In Italien wurde der Text als monografisches Büchlein („Il facismo eterno") 2017 wieder aufgelegt und ich konnte es sowohl in Rom wie in Mailand in namhaften Buchhandlungen sogar auf dem Tisch für *Attualità* – Aktuelles – finden.

Diese neue Aktualität hat Ecos Text, einer seiner eher seltenen ausführlichen Analysen politischer Fragen, nicht nur der gesellschaftlichen Stimmung in Italien zu verdanken, sondern auch dem Umstand, dass er in der neu entflammten Faschismus-Debatte von etlichen Intellektuellen zitiert wird.

Umberto Eco hielt diese Rede vor den Studenten der Columbia University nur wenige Tage nach dem verheerenden Terroranschlag von Oklahoma City. Drei Amerikaner hatten einen mit Sprengstoff beladenen LKW vor einem Hochhaus der lokalen Regierungsverwaltung zur Detonation gebracht. 168 Menschen starben, fast 700 wurden verletzt, mehr als 300 Gebäude beschädigt. Die drei Täter, darunter zwei Golfkriegsveteranen aus der rechtsextremen Szene, wurden gefasst. Bestürzt erkannte die amerikanische Öffentlichkeit, dass in den USA ein hausgemachter Terrorismus von rechtsextremen Gruppen und militaristischen Netzwerken herangewachsen war.

Eco ging in seinem Vortrag zwar nicht auf das Ereignis ein, seine Ausführungen über die Natur und die verschiedenen Gesichter des „ewigen Faschismus" erhielten jedoch ungewollt zusätzliche Brisanz. Der 1932 geborene Schriftsteller und Semiotiker schilderte zuerst, wie er als Bub den Faschismus im italienischen Piemont und als 13-Jähriger die Befreiung erlebt hatte, und rief zur Wachsamkeit auf: „Politische Regimes können zwar gestürzt, Ideologien kritisiert und abgelehnt werden – aber hinter einem Regime und seiner Ideologie steht immer eine Art des Denkens und Fühlens, eine Anhäufung kultureller Gewohnheiten, obskurer Instinkte und unauslotbarer Triebe."

Dann stellte Eco die Frage, warum bis heute und weltweit die Begriffe „Faschismus" und „faschistisch" in den verschiedensten Zusammenhängen verwendet werden. Als erste rechtsgerichtete Diktatur in einem europäischen Land habe Mussolinis Regime als eine Art Archetypus für alle späteren Bewegungen dieses Typs gedient, von Portugal, Spanien,

Griechenland über Großbritannien, Norwegen und Polen, bis zu den baltischen Staaten, Ungarn, Rumänien, Bulgarien und sogar Südamerika.

Im Unterschied zum Nazismus habe der italienische Faschismus kein umfassendes, kohärentes politisches Programm und ebenso wenig eine besondere Philosophie besessen: „Mussolini besaß keinerlei Philosophie, sondern lediglich Rhetorik."

„Der Faschismus ließ sich als Bezeichnung für die unterschiedlichsten Zwecke verwenden, weil ein faschistisches Regime auch dann noch als faschistisch kenntlich bleibt, wenn man ihm ein oder mehrere Merkmale nimmt.

Ziehen wir vom Faschismus den Imperialismus ab, so haben wir noch immer Franco und Salazar. Nehmen wir den Kolonialismus fort, so bleibt uns noch immer der Balkanfaschismus der Ustaschi. Fügen wir dem italienischen Faschismus einen radikalen Antikapitalismus hinzu (der auf Mussolini nie besonders reizvoll wirkte), dann haben wir Ezra Pound. Geben wir einen Kult um keltische Mythologie und die Gralsmystik hinzu (dem offiziellen Faschismus vollständig fremd), dann steht vor uns einer der angesehensten faschistischen Gurus, Julius Evola."

In seinem Vortrag stellt Umberto Eco dann eine Liste von 14 Merkmalen auf, die „typisch wären für das Gebilde, das ich als Ur-Faschismus oder ewigen Faschismus bezeichnen möchte. Diese Merkmale lassen sich nicht zu einem System organisieren; viele von ihnen widersprechen einander und lassen sich außerdem auch anderen Formen des Despotismus oder Fanatismus zuordnen. Aber jedes einzelne von ihnen kann zum Kristallisationspunkt für den Faschismus werden."

Als erstes Merkmal des Ur-Faschismus nennt Eco den Traditionskult und den Glauben an eine „ursprüngliche Wahrheit", die, ein für alle Mal verlautbart, lediglich zu interpretieren sei.

Dieser Traditionalismus impliziert zweitens die Ablehnung der Moderne, denn „die Aufklärung und das Zeitalter der Vernunft werden als Beginn moderner Entartung" gesehen.

Drittes Merkmal sei der Irrationalismus gepaart mit dem Kult der Aktion, unabhängig vom Denken.

Viertens die Ablehnung der analytischen Kritik: „Für den Ur-Faschismus ist fehlende Übereinstimmung Verrat."

Fünftens der Rassismus: „Der erste Appell einer faschistischen oder vorfaschistischen Bewegung richtet sich gegen Eindringlinge. So ist der Ur-Faschismus qua Definition rassistisch."

Sechstens der „Appell an eine frustrierte Mittelklasse, die unter einer ökonomischen Krise oder der Empfindung politischer Demütigung" leide.

Siebtens der Nationalismus. Der Ur-Faschismus verspreche den Menschen, die sich ihrer sozialen Identität beraubt fühlen, als einziges Privileg, im selben Land geboren zu sein. „Das ist der Ursprung des Nationalismus." Hand in Hand damit gehe die Obsession einer Verschwörung, am besten einer internationalen.

Dazu passe achtens bestens das antisemitische Feindbild, gemäß dem Vorurteil, Juden seien reich und würden einander über ein geheimes Netz gegenseitig unterstützen.

Neuntens erhebe der Ur-Faschismus den Kampf um des Kampfes willen zum Prinzip – „Pazifismus ist daher Kollaboration mit dem Feind".

Zehntens forciere der Ur-Faschismus die Verachtung des Schwächeren und die Schaffung eines „massenhaften Elitebewusstseins". Jeder Bürger gehöre dem besten Volk der Welt an, aber die besten Bürger seien natürlich die Mitglieder der hierarchisch-militärisch organisierten Partei.

Elftens zeichne sich der Ur-Faschismus durch Verherrlichung des Heldentums und den Todeskult aus. „In jeder Mythologie ist der Held ein außergewöhnliches Wesen, aber in der ur-faschistischen Ideologie ist Heldentum die Norm. Es war kein Zufall, dass ein Motto der Falangisten lautete ‚Viva La Muerte'."

Zwölftens zählt Umberto Eco den Machismo zu den typischen Merkmalen. „Da sowohl endloser Krieg als auch Heroismus recht schwierige Spiele sind, überträgt der Ur-Faschist seinen Willen zur Macht auf die Sexualität. Hier liegt der Ursprung des Machismo (zu dem Frauenverachtung ebenso gehört wie gewalttätige Intoleranz gegenüber ungewöhnlichen Sexualgewohnheiten, von der Keuschheit bis zur Homosexualität)."

Als weiteres, dreizehntes Merkmal bezeichnet Eco den sozusagen „qualitativen Populismus", im Gegensatz zur Demokratie, in der die Bürger nur unter einem quantitativen Aspekt Einfluss haben – Entscheidungen werden in ihr per Mehrheitsbeschluss getroffen. „In der Zukunft erwartet uns ein TV- oder Internet-Populismus, in dem die emotionale Reaktion einer ausgewählten Gruppe von Bürgern als Stimme des Volkes dargestellt und akzeptiert werden kann. Aufgrund seines qualitativen Populismus muss der Ur-Faschismus gegen ‚verrottete' parlamentarische Regierungen eingestellt sein. Wo immer ein Politiker die Legitimität eines Parlaments in Zweifel zieht, weil es den Willen des Volkes nicht mehr zum Ausdruck bringe, riecht es nach Ur-Faschismus."

Als vierzehntes und letztes Charakteristikum nennt Eco den Umgang mit der Sprache, die Verwendung eines „Newspeak", wie ihn George Orwell in „1984" erfand. Denn die Forcierung eines verarmten Vokabulars und einer vereinfachten Syntax diene dazu und helfe dabei, komplexes und kritisches Denken zu unterbinden. Und Eco warnt: „Aber wir müssen uns auch auf andere Formen von Newspeak einstellen, selbst wenn sie in der scheinbar unschuldigen Form einer populären Talk-Show daherkommen."

Zum Abschluss seines Vortrags in New York äußerte er dann jene Warnung, die Ecos Thesen heute so aktuell machen:

„Der Ur-Faschismus kann in der unschuldigsten Verkleidung wieder auftreten. Wir haben die Pflicht, ihn zu entlarven und jedes seiner neueren Beispiele kenntlich zu machen – an jedem Tag, an jedem Ort der Welt."

Der Kalte Krieg und die amputierte Demokratie

Nach der Niederlage des Nationalsozialismus befürchteten vor allem die USA, aber auch Großbritannien und bürgerliche Kräfte in ganz Europa, dass es der Sowjetunion unter Stalin gelingen könnte, mithilfe kommunistischer Parteien und der noch nicht entwaffneten Partisanen von Frankreich über Italien bis Griechenland Volkserhebungen zu unterstützen und wie in Osteuropa nach Moskau orientierte Regierungen an die Macht zu bringen.

In der Tat gab es bei vielen italienischen Kommunisten den Drang, den Sieg über den Faschismus für eine sozialistische Revolution zu nutzen. Doch die Führung um Parteichef Palmiro Togliatti lehnte solche Bestrebungen dezidiert ab, nicht zuletzt wegen der massiven Präsenz amerikanischer und britischer Besatzungstruppen. Schließlich hatten die britischen Truppen in Griechenland gerade entscheidend an der Niederschlagung von Aufständen der kommunistischen Rebellen mitgewirkt. Der *Partito Comunista Italiano* (PCI) hielt deshalb an der Zusammenarbeit mit allen antifaschistischen Parteien im Nationalen Befreiungskomitee *Comitato di Liberazione Nazionale* fest. So wurden die Abschaffung der Monarchie 1946 per Referendum, die Verabschiedung der Verfassung und der Abschluss eines Friedensvertrages parteiübergreifend vollzogen. Doch im Mai 1947 entließ der Christdemokrat Alcide de Gasperi auf energischen Druck der Amerikaner hin den PCI aus der Regierung. Im gleichen Monat fand in Frankreich der Rausschmiss der Kommunisten aus der Regierung der nationalen Einheit statt.

Die USA hatten schon bei der ersten Parlamentswahl 1946 der katholisch-konservativen *Democrazia Cristiana* mit Geld und Propaganda unter die Arme gegriffen. Mit Hollywood-

Stars, Filmen und Musik, aber auch durch Appelle erfolgreicher Italo-Amerikaner und ihrer Organisationen sollten die Italiener von der paradiesischen Überlegenheit des American Way of Life gegenüber dem Stalin-Kommunismus überzeugt werden. Zugleich halfen große Getreide- und Versorgungslieferungen aus Übersee den bitteren Notstand des von Krieg und Bürgerkrieg zerrütteten Landes zu lindern. Wenig später setzten dann die substanziellen Wirtschaftshilfen durch den Marshall-Plan ein, die für Italien besonders großzügig ausfielen. Mit der von US-Präsident Harry S. Truman im März 1947 verkündeten „Truman-Doktrin" bekräftigten die USA, „freien Völkern beizustehen, die sich der angestrebten Unterwerfung durch bewaffnete Minderheiten oder durch äußeren Druck widersetzen". Die Erklärung war eindeutig gegen die Sowjetunion gerichtet, der Kalte Krieg war nun offiziell.

Italien als Bollwerk gegen den Kommunismus

Aufgrund seiner Lage im Mittelmeer erlangte Italien eine strategische Bedeutung ersten Ranges und wurde als Gründungsmitglied der NATO zu einer zentralen Hauptfront der Ost-West-Teilung Europas. Diese strategische Bedeutung hat der italienische „Stiefel" auch nach dem Ende des Kalten Krieges beibehalten, vor allem als Vorposten der USA im Mittelmeer. Heute gibt es zwischen Südtirol und Sizilien mehr als 50 NATO-Militärstützpunkte, Schiffshäfen und Flughäfen, Waffenlager (u.a. mit knapp einhundert Atomwaffen), Kommandozentralen und Logistikzentren und ebenso viele Radar- und Fernmeldeanlagen und natürlich das zugehörige Personal in großer Zahl.

Es verwundert also nicht, dass in den Augen der USA der PCI, mit 2,2 Millionen straff organisierten Mitgliedern die größte kommunistische Partei Europas, ein großes Risiko darstellte. Eine kommunistische Regierungsbeteiligung in Italien hätte nicht nur den Zugang zu Top-Secret-Militärinformationen bedeutet, sondern auch die politische Verlässlichkeit des NATO-Vorpostens gefährdet. Der PCI hatte sich wohl anlässlich der Ungarnkrise 1956 und der sowjetischen Niederschlagung des Prager Frühlings 1968 betont kritisch geäußert, war aber doch bis 1972, als Enrico Berlinguer den Eurokommunismus zur Strategie erhob und eine Koalition mit dem katholischen Lager anstrebte, moskautreu geblieben.

Neben der Aufrüstung Italiens und bedeutender wirtschaftlicher Hilfe betrieben die USA auch gezielte politische und propagandistische Einflussnahme, oft im Einklang mit der Kirche und dem Vatikan. So lautete ein Slogan der katholischen Aktivisten: „Gott kann dich in der Wahlkabine sehen, Stalin nicht!" Aber wie in ganz Europa und vor allem im damaligen Westdeutschland hatten die USA neben der offenen auch eine verdeckte, geheime Politik. Dazu wurden eigene Staybehind-Organisationen unter Leitung des Geheimdienstes CIA gegründet. Sie sollten im Angriffsfall einen Guerilla-Krieg gegen sowjetische Truppen führen. Während die deutschen paramilitärischen Gruppen (*Organisation Gehlen*, *Bund deutscher Jugend*) schon in den frühen 1950er-Jahren aufflogen, wurde die Existenz des italienischen *Gladio* erst 1990 vom damaligen Premierminister Giulio Andreotti offiziell und öffentlich bestätigt.

Gladio bestand laut Andreotti aus 622 Männern. Sie unterstanden dem militärischen Geheimdienst SISMI, wurden von amerikanischen Special Forces trainiert und hatten knapp 140 Geheimdepots mit Waffen, Sprengstoff, Munition und Funkgeräten im ganzen Land angelegt. Zur Strategie gehörte, dass jeder der paramilitärischen Agenten einen möglichst großen Kreis von Zivilisten um sich scharte, die im Ernstfall sofort kampfbereit sein sollten. Waren die führenden Köpfe der deutschen Untergrundorganisationen ehemalige Militärs, nostalgische Nazis und SS-Offiziere, so war *Gladio* ein Netz aus früheren Geheimdienstagenten, Mitgliedern von Spezialeinheiten und neofaschistischen Aktivisten, viele davon auch mit kriminellem Hintergrund und Beziehungen zur Mafia. Eine staatliche Untersuchungskommission hat keine Beweise für die Beteiligung von *Gladio* an den in den 1960er-Jahren beginnenden rechtsextremistischen Terroranschlägen gefunden, obwohl die Existenz der Geheimorganisation durch die Untersuchungen zu den Hintermännern eines Attentats aufgeflogen war. Unbestritten ist hingegen, dass italienische Dienste in spätere rechte Terroraktivitäten involviert waren.

Faschismus-Nostalgie und schwarzer Terror

Im Juni 1946 beschloss das italienische Parlament auf Vorschlag des kommunistischen Parteichefs Palmiro Togliatti, damals noch Justizminister der antifaschistischen Einheitsregierung, eine allgemeine Amnestie zur nationalen Aussöhnung. Sämtliche Strafen ziviler und politischer Natur inklusive jener der Kollaboration wurden erlassen, sofern das Strafausmaß fünf Jahre Haft nicht überschritt. Die Amnestie wurde dann sogar noch zweimal ausgeweitet. Auch wurde auf eine Säuberung der Verwaltung, der Justiz und des Staatsapparats von Anhängern Mussolinis bis auf wenige Ausnahmen verzichtet.

Zugleich wurde die Gründung der neofaschistischen Partei *Movimento Sociale Italiano* (MSI) zugelassen, obwohl ihre Gründer und Unterstützer zum Teil hochrangige Militärs, Funktionäre und Aktivisten aus der faschistischen Ära waren. Die Partei mit der lodernden Flamme in den Nationalfarben als Symbol war das Sammelbecken von nostalgischen Monarchisten, Antikommunisten, katholischen Fundamentalisten und hartgesottenen Faschisten. Bei den Wahlen erhielt sie im Schnitt bis zu 9 Prozent der Stimmen, im Süden des Landes an die 15 Prozent, mit Spitzen um 20 Prozent in wichtigen Städten wie Catania, und 1971 sogar in Rom 16 Prozent. Dabei hat die Partei um ihre nach wie vor faschistische Gesinnung nie einen Hehl gemacht. Wie wenig das die italienische Gesellschaft und Öffentlichkeit störte (und heute kein Thema mehr ist), zeigt ein Interview mit dem Parteiführer Giorgio Almirante im öffentlich-rechtlichen TV-Sender RAI aus dem Jahr 1987, das man nach wie vor im Internet findet. Anlässlich der Staffelübergabe an seinen Nachfolger Gianfranco Fini, den späteren Regierungspartner Silvio Berlusconis, wurde der 73-jährige Almirante ganz im Stil der gerade in Mode kommenden People-Interviews 30 Minuten lang zu seinem turbulenten Leben befragt. Wie sehr er denn glaube, dass seine Herkunft aus einer adeligen Schauspielerfamilie sein Talent als Redner gefördert habe, ob er denn in jungen Jahren ein bewegtes Liebesleben gehabt habe und natürlich, welche seine nachhaltigste Erinnerung an den Duce sei. Es waren mehrere Telefonate mit Mussolini kurz vor dem endgültigen Zusammenbruch des Regimes von Salò – da war Almirante Kabinettschef für Kultur und im Krisenstab. Und stolzer Faschist sei er bis heute, betonte Almirante. Der Journalist bedankte sich für das Gespräch. 1987.

Aber zurück zu den Anfängen.

Innerhalb und im Umfeld des MSI bildeten sich schon Anfang der 1960er-Jahre radikale Gruppen, die mit militanten und gewaltsamen Aktionen gegen Gewerkschaften und Linke, besonders in Wahlkämpfen, für ein Klima der Angst sorgten und an die Methoden des *squadrismo* der Schwarzhemden Mussolinis erinnerten. Die Gegenwehr der Linken ließ nicht auf sich warten, sodass zeitweise ein regelrechter Kleinkrieg herrschte.

Als 1967/68 die gewerkschaftlichen, sozialen und studentischen Proteste im ganzen Land anschwollen, gingen die Rechtsextremen zum Terror in großem Ausmaß über. Nicht zufällig erfolgte der erste blutige Anschlag am 25. April 1969, also am Nationalfeiertag, der die Befreiung vom Faschismus ehrt. Auf der Mailänder Messe und am Bahnhof der Stadt detonierten zwei Bomben, 19 Personen wurden verletzt. Noch im selben Jahr folgte der Anschlag auf eine Bank auf der Piazza Fontana, ebenfalls in Mailand. Diesmal mit 16 Todesopfern und unzähligen Verletzten. Und am selben Tag, es war der 12. Dezember, wurden in Rom bei zwei Bombenexplosionen 18 Menschen zum Teil schwer verletzt. Die Welle des schwarzen Terrors, des *terrorismo nero,* hatte begonnen. Er dauerte bis in die frühen 1980er-Jahre und forderte bei mehr als 500 Anschlägen 200 Menschenleben und Hunderte Verletzte. Zu den folgenschwersten gehören neben jenem auf der Piazza Fontana der Anschlag auf eine Kundgebung gegen den rechten Terror auf der Piazza della Loggia in Brescia 1974 mit 8 Toten und 102 Verletzten. Dann der Anschlag auf den *Italicus*-Nachtzug Rom–München im Mai 1974. Die Bombe explodierte im Apennin-Tunnel, allerdings wegen einer Drei-Minuten-Verspätung des Zuges unmittelbar nach der Einfahrt, was die Rettungsarbeiten erleichterte. Trotzdem starben 12 Passagiere und 48 wurden verletzt. Den grausamen Höhepunkt bildete schließlich 1980 das Attentat auf den Bahnhof von Bologna. Im Ferienmonat August, vormittags um 10.25 Uhr, explodierte eine 23 Kilo schwere Bombe. 85 Menschen starben, mehr als 200 wurden verletzt, ein Kriegsakt.

Obwohl es zu den rechtsextremen Attentaten keine Bekennerschreiben gab, konnten nach jahrelangen Ermittlungen und Prozessen Mitglieder von drei neofaschistischen Terrorgruppen als Täter oder Helfer überführt werden: *Ordine Nuovo,* 1956 gegründet von Pino Rauti, der aus dem extremen Flügel der legalen Partei *Movimento Sociale Italiano* kam und später dorthin zurückkehrte und es sogar bis zum Generalsekretär brachte. Die *Avanguardia Nazionale* wurde 1962 von Stefano Delle Chiaie gegründet und war hauptsächlich als gewaltsamer Schlägertrupp berüchtigt, bevor auch ihre Mitglieder zu Attentaten schritten. 1968 wurde der *Fronte Nazionale* von einem hochkarätigen Faschisten ins Leben gerufen. Junio Valerio Borghese war Spross der berühmtesten Adelsfamilie Roms, im Krieg Marine-Offizier und als U-Boot-Kommandant einer Spezialeinheit zugeordnet. Nach der Absetzung Mussolinis leitete der *principe nero* (schwarzer Prinz) genannte Fanatiker in der deutschen Marionettenrepublik von Salò eine Spezialeinheit zur Partisanen-Verfolgung. Obwohl für die Ausrottung ganzer Dörfer und Hunderte Morde verantwortlich, wurde Borghese schon 1949 auf Druck des amerikanischen Geheimdienstes OSS aus alliierter Gefangenschaft entlassen. Kurze Zeit später wurde er Ehrenvorsitzender des *Movimento Sociale Italiano*. Vom parlamentarischen Weg der Partei enttäuscht, unternahm er 1970 mit Männern seines *Fronte Nazionale* einen Putschversuch. Sie stürmten das Innenministerium in Rom, erhielten dort Schusswaffen, gaben dann aber aus unbekannten Gründen auf, obwohl schon in verschiedenen italienischen Städten mehrere Hundert Gefolgsleute mobilisiert worden waren. Sowohl Borghese als auch Stefano Delle Chiaie, der aktiv am Putsch teilnahm, konnten ohne Schwierigkeiten nach Spanien unter den Schutzmantel General Francos flüchten. Aufgrund des *Freedom of Information Act* wurde 2004 bekannt, dass die US-amerikanische Regierung informiert gewesen war. Sie soll dem Unternehmen unter der Bedingung zugestimmt haben, dass ein hoher und vertrauenswürdiger italienischer „Garant" mit von der Partie sei. Dieser Garant soll niemand Geringerer als Giulio Andreotti gewesen sein – er war zum Zeitpunkt des Putsches Verteidigungsminister. Eine durchaus glaubhafte These besagt, dass Junio Borghese und seine Leute für einen zum Scheitern gedachten Putschversuch manipuliert worden seien, um eine Verschärfung der Polizeigesetze und mehr Kompetenzen für Militär und Geheimdienste zu rechtfertigen. Bei der Untersuchung der Ereignisse wurde nämlich offengelegt, dass für den

Tag des Putsches sämtliche Sicherheitskräfte landesweit in Alarmbereitschaft versetzt worden waren.

Die *strategia della tensione*

Dass in all den Jahren des schwarzen Terrors Agenten der italienischen, aber auch ausländischer Geheimdienste und hohe Militärs involviert waren, bestreitet heute niemand mehr. Die ersten Hinweise erbrachten die Untersuchungen eines Staatsanwaltes in den 1970er-Jahren, die zur Aufdeckung der Geheimorganisation *Rosa dei Venti* (Windrose) und zur Verhaftung des Chefs des Militärgeheimdienstes SID Vito Miceli führten. Obwohl einzelne Mitglieder der *Rosa dei Venti* gestanden, sich „im Kampf gegen den Marxismus engagiert" zu haben, wurden die Ermittlungen von höchster Stelle mit Hilfe prozeduraler Einwände zuerst behindert, dann eingestellt. Miceli, der schon unter Mussolini als Offizier an den Afrikafeldzügen teilgenommen hatte, absolvierte nach dem Krieg die von den Amerikanern gegründete Militärschule *NATO Defense College* und stieg in Italien zum General auf. In zwei weiteren Prozessen, unter anderem wegen Beteiligung am Borghese-Putschversuch, freigesprochen, tauchte er später wieder als prominentes Mitglied der Geheimloge P2 auf. Seither spricht man in Italien von der *strategia della tensione* (Spannung), der Förderung und Steuerung rechtsextremer Terroraktivitäten durch Teile des Staatsapparates, um Verunsicherung und Angst in der Bevölkerung zu schüren, den Tatverdacht auf die extreme Linke zu lenken und so den Boden für eine autoritäre Wende zu bereiten. Von 1969 bis in die frühen 1970er-Jahre machten die neofaschistischen Anschläge mehr als 90 Prozent aller Attentate aus, ab Mitte der 1970er-Jahre dominierten dann die Terrorakte der extremen Linken.

Die Geheimloge P2

Nur ein halbes Jahr nach dem verheerenden Attentat auf den Bahnhof von Bologna erschütterte im März 1981 eine politische Bombe das Land. Zwei Mailänder Untersuchungsrichter verfolgten die Spur des untergetauchten „Bankiers der Mafia" Michele Sindona. Der sizilianische Aufsteiger hatte mit Hilfe der Cosa Nostra und des Gambino-Clans in New York, aber auch der Vatikan-Bank IOR (*Istituto per le Opere di Religione*), ein weitläufiges Finanznetz geschaffen. Hunderte Millionen Dollar aus Mafia-Geschäften und dem Drogenhandel wurden reingewaschen, in Immobilien investiert und zur Bestechung von Polizei und Politik verwendet. Weil Sindona enge Beziehungen zum Unternehmer Licio Gelli unterhielt, ordneten die Mailänder Richter bei diesem eine Hausdurchsuchung an. Von Sindona fanden sie lediglich den Namen und eine Mitgliedsnummer auf einer Liste – aber diese Liste hatte es in sich: Sie enthielt die Namen von 962 Mitgliedern der Geheimloge *Propaganda Due*, kurz *Loggia P2*.

Offiziell als Freimaurerloge des *Grande Oriente d'Italia* deklariert, versammelte sie Minister, Abgeordnete, Offiziere und Generäle des Heeres, der Polizei, der Finanzwache, der Carabinieri und so gut wie den gesamten Führungsstab der verschiedenen Geheimdienste, Richter, Anwälte, acht Chefredakteure großer Zeitungen, darunter des *Corriere della Sera*; außerdem Unternehmer, Vorstände und Manager aus der privaten wie der verstaatlichten Wirtschaft – wie eben Michele Sindona und Silvio Berlusconi.

Großmeister der Loge P2 war Licio Gelli. Unter Mussolini zog er als Freiwilliger der Schwarzhemden in den Spanien-Krieg gegen die Republikaner. In der faschistischen Republik von Salò wurde Gelli zum Verbindungsoffizier zu Nazi-Deutschland. Als jedoch die Niederlage Hitler-Deutschlands und der italienischen Marionettenrepublik absehbar wurde, nützte Gelli seine Position, um Partisanen zur Flucht zu verhelfen. Das diente ihm später als antifaschistisches Alibi, obwohl er noch kurz vor seinem Tod, 89-jährig, in einem TV-Interview betonte, er sei immer zutiefst überzeugter Faschist geblieben und wolle auch als solcher sterben.

Schon Ende der 1960er-Jahre hatte Licio Gelli ein Grundsatzdokument zu den Zielen der Loge P2 verfasst und es „Programm zur demokratischen Renaissance" Italiens genannt. Offiziell ging es darum, im „Abwehrkampf gegen den Kommunismus" auf ein Präsidialregime mit streng vertikaler Hierarchie und einer konservativ-katholischen Gesellschaftsordnung hinzuarbeiten. Vor allem die Militärs und Geheimdienstchefs in der Loge hatten in den ersten Jahren auch Putschpläne für den Fall eines Sieges der Kommunisten geschmiedet. In dieser Zeit der *strategia della tensione* waren die Verbindungen in die gewaltbereite und terroristische rechte Szene und die vielfältigen Verflechtungen mit der Mafia besonders eng. Doch spätestens nach der knappen Wahlniederlage des Linksbündnisses bei den Parlamentswahlen 1976 und der Entscheidung des *Partito Comunista* unter Enrico Berlinguer, die Zusammenarbeit mit der *Democrazia Cristiana* durch neutrale Haltung im Parlament zu erreichen, änderte sich auch die Strategie der Loge P2. Es ging nicht mehr um Umsturz und Errichtung eines autoritären Regimes, sondern um möglichst große Beeinflussung und Lenkung der Regierung, der Wirtschaftsentscheidungen und des gesamten öffentlichen Lebens. Die Geheimloge wurde 1982 verboten. Mit Ausnahme einiger Rücktritte und Versetzungen blieben die meisten Logenmitglieder ungeschoren. Gelli floh zuerst in die Schweiz, wurde dort verhaftet. Aus dem Genfer Gefängnis floh er wenig später unspektakulär und gewaltlos – mit Hilfe der Gefängnisdirektion, wie er selbst später erzählte. Nach Jahren in Lateinamerika stellte sich Gelli und wurde in Italien zu zwölf Jahren Haft verurteilt, unter anderem wegen des Versuches, die Polizei und die Untersuchungsbehörden bei den Ermittlungen zum Attentat von Bologna in die Irre zu führen. Allerdings verbrachte Gelli keinen einzigen Tag im Gefängnis, sondern lebte von 2001 bis zu seinem Tod 2015 unter Hausarrest in seiner Luxusvilla. Ein Grund für diesen milden Strafvollzug (Gelli war bei seiner Verurteilung nicht krank) könnte die Aussage eines Freimaurer-Großmeisters des *Grande Oriente d'Italia*, Giuliano di Bernardo, gewesen sein. Demnach legte die Liste der 962 Namen nur einen Teil der Loge P2 offen, in Wahrheit habe es bis zu 3000 Mitglieder gegeben.

Dass die Geheimloge P2 und somit ein bedeutender Teil der Führungskräfte des Staates, der Justiz, der Wirtschaft und der Medien eng mit der Mafia kooperierte, ist mittlerweile belegt. Nie nachgewiesen konnte hingegen die verbreitete Annahme werden, dass nicht Licio Gelli, sondern Giulio Andreotti der wahre Drahtzieher der Loge P2 war. Die NATO-stay-behind-Organisation *Gladio* wurde unter Andreotti als Verteidigungsminister aufgebaut, zu Sindona, Licio Gelli und zum Vatikan unterhielt Andreotti beste Beziehungen, ebenso zu führenden Bossen der sizilianischen Mafia. 2004 sprach der Oberste Gerichtshof Andreotti nach jahrelangen Prozessen wegen „Teilnahme an und Kollaboration mit einer verbrecherischen Vereinigung" (Cosa Nostra) schuldig. Weil es sich dabei aber um Taten in der Zeit vor und bis 1980 handelte, waren sie verjährt. Andreotti wurde lediglich dazu verurteilt, die Gerichtskosten zu bestreiten.

Im Alter von 26 Jahren hatte Andreotti schon nach 1945 an der Verfassunggebenden Versammlung teilgenommen und blieb Abgeordneter und später Senator bis zu seinem Lebensende. In 68 Jahren war er sieben Mal Premierminister und 26 Mal Minister, davon acht Mal Verteidigungs- und fünf Mal Außenminister. Damit war der zurückhaltend-diskrete Katholik Schlüsselfigur der Staatspartei *Democrazia Cristiana* und zugleich die Inkarnation des *trasformismo,* dieser sehr italienischen Kunst der Politiker, sich einem Chamäleon gleich an jede neue Situation anzupassen, ganz nach dem berühmten Satz im „Gattopardo" von Giuseppe Tomasi di Lampedusa: „Wenn wir wollen, dass alles bleibt, wie es ist, dann ist es nötig, dass alles sich verändert." Am Ende seiner Laufbahn auf die zahlreichen Vorwürfe angesprochen, in die dunkelsten Affären und Tragödien der Republik verwickelt zu sein, antwortete Andreotti mit einem Lächeln und dem lapidaren Satz: „Außer den Punischen Kriegen wird mir ja alles vorgeworfen."

Linke Radikalisierung und roter Terror

Die Entstehungsgeschichte, die Ziele und Methoden des neofaschistischen schwarzen Terrors und jene des linksextremen roten Terrorismus in Italien sind grundsätzlich verschieden, ebenso ihre tiefer liegenden politischen Motive. Vereinfachend kann man sagen, der schwarze Terror war der extreme, gewaltsame und bewaffnete Arm des Abwehrkampfes gegen eine befürchtete, auf demokratischem Weg durchgeführte Machtübernahme durch die von den Kommunisten dominierte Linke. Die beteiligten Akteure reichten von nostalgischen Faschisten über bedeutende Teile des Militärs bis zu den Geheimdiensten mit engen Verbindungen zur herrschenden Staatspartei *Democrazia Cristiana*, aber auch zur Mafia, und wurden unterstützt von Kreisen in den USA und der NATO. Ihre Attentate verrichteten sie anonym, ohne Bekennerschreiben, ja versuchten sogar, sie als „linken Terror" aussehen zu lassen. Mit wenigen Ausnahmen trafen die Anschläge in Großaktionen unbeteiligte Zivilpersonen. Das unverkennbare Ziel war die Verbreitung von Angst und Unsicherheit als Voraussetzung für den Ruf nach Ordnung oder gar dem starken Mann.

Die Radikalisierung Hunderttausender, vorwiegend junger Linker bis hin zum bewaffneten Kampf hatte hingegen zwei andere Beweggründe. Erstens herrschte verbreitete Enttäuschung über die als Verrat empfundene, zunehmende „Sozialdemokratisierung" und Mäßigung des *Partito Comunista* ab Ende der 1960er-Jahre. Zweitens war sie eine Reaktion auf die faschistische Gewalt und die als Komplizentum mit der Rechten wahrgenommene Haltung von Regierung, Polizei und Justiz.

Was die Rechte befürchtete und worauf die Linke hoffte – nämlich eine linke Regierung –, war durch die rasante Verwandlung der italienischen Wirtschaft und Gesellschaft denkbar geworden. Aus einem rückständigen Agrarland, aus dem Millionen Süditaliener auf Arbeitssuche emigrierten, wurde in zwei Jahrzehnten ein produktives Industrieland. Dank Marshall-Plan und staatlich finanzierter Monopole in den Bereichen Energie, Schwerindustrie und Verkehr wurde Italien zur Exportnation (FIAT, Olivetti, Haushaltsgeräte, Mode), schuf mit dem Tourismus eine breite und flexible Dienstleistungsbranche und entwickelte sich zur Konsumgesellschaft.

Diese Modernisierung wirkte auch in die Politik hinein. Ab Mitte der 1960er-Jahre konnte die *Democrazia Cristiana* den *Partito Socialista* als Mehrheitsbeschaffer in die Regierung integrieren, nachdem dieser sich von den Kommunisten abgewandt und zu einer sozialdemokratischen Partei gewandelt hatte. Aber auch die kommunistische Partei löste sich zusehends von Moskau und verkündete *„la via italiana al socialismo",* einen italienischen Weg, der dann unter Enrico Berlinguer im Eurokommunismus gipfelte. Nach dem faschistischen Putsch Pinochets gegen den demokratisch gewählten Präsidenten Salvador Allende in Chile waren Berlinguer und die PCI-Führung der Überzeugung, dass auch in Italien ein friedlicher Regierungswechsel von der *Democrazia Cristiana* (DC) zu einer Linksregierung ein chilenisches Szenario abgeben würde. Deshalb plädierten sie für eine Verständigung mit den Christdemokraten – oder zumindest mit den gemäßigten Teilen der in viele Fraktionen (*correnti*) organisierten DC. „Staatlich gelenkte, strukturelle Reformen" bei Respektierung der demokratischen Institutionen und des Gleichgewichts der politischen Lager sollten eine „progressive Entwicklung zu einer gerechteren Gesellschaft" ermöglichen, lauteten die strategischen Slogans. Sogar dem Verbleib Italiens in der NATO stimmten die Kommunisten zu. Die *Democrazia Cristiana* war gespalten, aber eine ihrer wichtigsten Figuren, Aldo Moro, machte sich für diesen Weg, von Berlinguer „historischer Kompromiss" getauft, stark. Dass Aldo Moro genau an jenem Tag von den Roten Brigaden entführt und später ermordet wurde, an dem im Parlament eine solche Regierung mit Unterstützung der Kommunisten beschlossen werden sollte (und als Notstandsregierung dann auch wurde), sorgt bis heute für alle möglichen Vermutungen und Spekulationen über die Hintermänner des spektakulärsten Terroraktes, nach dem Motto „cui bono?". Denn gegen eine Zusammenarbeit von DC und PCI waren sowohl die antikommunistischen Kräfte im Lande und außerhalb wie die extreme Linke.

Mit der Industrialisierung und Modernisierung der Wirtschaft waren auch neue soziale Schichten, vor allem eine große und qualifizierte Arbeiterschaft und mit ihr starke Gewerkschaften, herangewachsen. Mit großen Streiks, Demonstrationen und Fabrikbesetzungen hatten sie bedeutende Verbesserungen der Löhne und Arbeitsbedingungen durchgesetzt. Trotzdem radikalisierten sich in vielen Betrieben vor allem junge Arbeiter und bildeten unabhängige Fabrikräte, die der Kontrolle der Gewerkschaften entglitten.

Aber auch außerhalb der Fabriken kam es zur Radikalisierung. Aus Abspaltungen enttäuschter Intellektueller von der kommunistischen Partei und vor allem aus den Studentenorganisationen entstand eine heterogene Protestbewegung, auch unter dem Einfluss der 1968er-Welle, die von Berkeley über Paris und Berlin bis nach Prag die Gesellschaft erschütterte. Überall wurde gegen die jeweiligen politischen Establishments und für mehr Freiheit und Demokratie protestiert. Aber während in den USA und Deutschland der Vietnam-Krieg, in Frankreich das autoritäre Regime General De Gaulles und in Prag das sowjetische Joch als zentrale Themen dominierten, waren die italienischen Proteste enger an die Arbeiterbewegung gebunden und unfreiwillig mit dem schwarzen Terror konfrontiert. In Italien war die Bewegung politischer und zahlenmäßig größer. Allein die drei wichtigsten Organisationen der „außerparlamentarischen Linken", *Lotta Continua* (Anhänger der spontan-emanzipatorischen Aktion von Arbeitern und Studenten), *Manifesto* (vom PCI abgespaltene Reformkommunisten) und *Avanguardia Operaia* (marxistisch-leninistische Organisation maoistischer Prägung), zählten gemeinsam mehrere Zehntausend Mitglieder und Anhänger und jede gab ihre im ganzen Land an jedem Kiosk erhältliche Tageszeitung heraus.

In diesem Kontext wurden 1970 die *Brigate Rosse* gegründet. Obwohl zu ihren wichtigsten Gründern wie Renato Curcio und dessen Gefährtin Margherita Cagol auch Universitätsstudenten zählten, stammten die meisten Mitglieder aus dem Arbeitermilieu oder dem Kleinbürgertum, viele von ihnen hatten Erfahrungen in der kommunistischen Jugend oder in der Gewerkschaftsbewegung.

Von der „bewaffneten Propaganda" zum Kampf gegen den Staat

Die außerparlamentarische Linke wie *Lotta Continua* usw. hatte auch eine sozialistische Gesellschaft als Ziel. Die Herrschenden müssten nötigenfalls durch Gewalt besiegt werden, aber durch eine Revolution, die von den Arbeitern und der Mehrheit des Volkes getragen würde. Deshalb lag ihr Schwerpunkt neben politischer Propaganda bei der Organisierung von Kämpfen um mehr Rechte am Arbeitsplatz, an den Schulen und Hochschulen, in den Stadtteilkomitees und selbst im Heer.

Die Roten Brigaden verfolgten eine andere Strategie. Sie konzentrierten sich auf die großen Industriebetriebe im Norden, wie FIAT oder Pirelli, wo die autonomen Fabrikräte stark waren, und wurden intern aktiv. Besonders strenge und unbeliebte Vorarbeiter, Abteilungsleiter und Personalchefs wurden zuerst „bestraft". Das ging vom angezündeten Auto über kurzzeitiges Einsperren in Büroräumen bis hin zu mehrtägigen Entführungen. Jede Aktion wurde entweder gleich vor Ort politisch begründet oder in einem Bekennerschreiben, verbunden mit konkreten Forderungen und viel Propaganda. Bei vielen Arbeitern und auch bei der gesamten außerparlamentarischen Linken ernteten die Roten Brigaden durch ihre Aktionen Zustimmung oder zumindest Sympathie – und neuen Zulauf. In weniger als drei Jahren hatten sie in zahlreichen Großbetrieben sogenannte „Kolonnen". In dieser Zeit gaben sie sich auch eine streng hierarchische Organisationsstruktur, besorgten sich Waffen, gingen als Berufsrevolutionäre in den Untergrund und verschärften die Gangart. Den ausgewählten Opfern wurde nicht mehr das Auto angezündet, sondern in die Beine geschossen – *gambizzare* (*gamba* = Bein) wurde das genannt. Damit war die Schwelle zum Terrorismus endgültig überschritten. Zu Zielscheiben wurden jetzt neben Managern auch „verräterische" Gewerkschaftsfunktionäre, konservative Journalisten wie der legendäre Indro Montanelli und Politiker. Zu jedem Anschlag gab es eine mit dem Opfer in Verbindung stehende politische Erklärung. Der nächste Schritt waren dann Entführungen hochstehender Politiker, Staatsanwälte und Richter. Man war zum Kampf gegen den Staat übergegangen. Die ideologische Begründung klang schon sehr verstiegen: Indem man die Verwundbarkeit und Schwäche des Unterdrückerstaats vorexerzierte, sollten die Arbeiter Vertrauen in ihre Kraft schöpfen und zur Erhebung ermuntert werden. Nachdem einer Spezialeinheit der Carabinieri unter Leitung von General Dalla Chiesa die Verhaftung einiger Brigadisten, darunter

Renato Curcio, gelungen war, formierte sich die zweite Gene-
ration der *Brigate Rosse* unter Mario Moretti, der später auch
die Verantwortung für die Ermordung Aldo Moros übernahm.
Jetzt mehrten sich die bewaffneten Auseinandersetzungen mit
Polizisten, die Entführungen und „Volksverhöre" von Staatsanwälten, Justizbeamten und Politikern.

Die Entführung und Ermordung Aldo Moros

Mit der Entführung Aldo Moros, einer der bedeutendsten und
herausragendsten Persönlichkeiten der *Democrazia Cristiana*,
wollten die *Brigate Rosse* den Staat in seinem Herzen treffen. Es
war der Höhepunkt und zugleich der Beginn des Niederganges
des bewaffneten Kampfes, obwohl er noch bis in die 1980er-
Jahre fortdauerte.

Es war am 16. März 1978. Aldo Moro war in Begleitung seines Leibwächters und weiterer Sicherheitsbeamter in einem
zweiten Wagen auf dem Weg zum Parlament, um die von ihm
ausverhandelte erste Regierung mit „aktiver Duldung" der
kommunistischen Partei zu installieren. Ein Kommando aus
zehn Rotbrigadisten blockierte die beiden Wagen, erschoss
alle fünf Leibwächter und entführte Moro. Er blieb unverletzt,
die Terroristen ebenso. Während 55 langer Tage wurde Moro
in einer Wohnung mitten in Rom versteckt gehalten und einem
„Prozess des Volksgerichts" unterzogen. Während dieser Zeit
schickten die Terroristen regelmäßig Kommuniqués über den
Verlauf des Prozesses an die Medien, die sie durch Anrufe aus
Telefonkabinen darüber informierten, wo das jeweilige Kom-
muniqué – inklusive Foto von Moro mit einer aktuellen Zeitung
in Händen – zu finden sei. In insgesamt neun Botschaften im
Proklamationsstil forderten sie die Freilassung mehrerer Rotbrigadisten aus dem Gefängnis, andernfalls würde der Politiker hingerichtet. Moro selbst schrieb seinerseits diverse Briefe

an seine Familie und an seine Partei, in denen er moralische und politische Argumente für einen „Gefangenenaustausch" vorbrachte.

Eine Zeit lang schien es fast so, als hätten die *Brigate Rosse* ihr Ziel erreicht, den Staat in die Knie gezwungen. Die politische Welt war gespalten. Giulio Andreotti als DC-Regierungschef, Enrico Berlinguer vom PCI und fast alle Kleinparteien lehnten jede Verhandlung mit den Terroristen ab. Nur wenige Vertreter der DC, die Sozialisten Bettino Craxis, der Papst, Kurt Waldheim als UNO-Generalsekretär und Persönlichkeiten der Zivilgesellschaft plädierten für Verhandlungen. Das Drama versetzte nicht nur ganz Italien in einen anhaltenden Schockzustand, der Staat wurde auch als vollkommen hilflos vorgeführt. Obwohl landesweit der Ausnahmezustand herrschte und Zehntausende Uniformierte nach dem Moro-Versteck suchten und Hunderte Verdächtige verhafteten, konnten die Terroristen unbekümmert ihre Kommuniqués verbreiten und Telefonate führen. Nachdem die Regierung trotz aller Appelle und Vermittlungsversuche hart blieb, wurde Aldo Moro am 9. Mai erschossen. Seine Leiche wurde im Kofferraum eines roten Renault 4 in der Via Caetani, genau auf halbem Weg zwischen dem Parteisitz der Kommunisten und jenem der *Democrazia Cristiana*, deponiert, was wiederum durch einen Anruf aus einer Telefonzelle gemeldet wurde.

In den Folgejahren gelang es den Sondereinheiten unter Führung des Carabinieri-Generals Alberto Dalla Chiesa und aufgrund der beschlossenen Sondergesetze, die der Polizei und der Justiz uneingeschränkt freie Hand gewährten, die Verantwortlichen der Reihe nach zu verhaften. In einem neun Monate dauernden Prozess wurden 63 Rotbrigadisten zu insgesamt 32 lebenslangen und weiteren 316 Jahren Haft verurteilt. Die an der Entführung und Ermordung Moros Beteiligten waren allesamt geständig. Für die Jahre 1970 bis 1987, als der Gründer Renato Curcio aus dem Gefängnis den bewaffneten Kampf als endgültig beendet erklärte, werden den *Brigate Rosse* 86 Todesopfer und mehr als 250 Verletzte zur Last gelegt. Weitere drei Dutzend Tote gehen auf das Konto kleinerer, autonom agierender linker Terrorgruppen.

Die Periode des linksrevolutionären bewaffneten Kampfes hat 20 Jahre gedauert und ist vor drei Jahrzehnten versiegt. Die faschistische und neofaschistische Bewegung hat hingegen nie aufgehört zu existieren, ob als radikaler Flügel innerhalb der legalen Partei *Movimento Sociale Italiano*, als von Teilen des Staatsapparats unterwanderte, geduldete oder gar gelenkte Terrortruppe im Untergrund oder als autonome, radikale und gewaltbereite Organisationen. Die schon beschriebene Renaissance der neofaschistischen *Forza Nuova* und *CasaPound* hat mit der politischen Wende im Frühjahr 2018 und dem damit einhergehenden populistischen Stimmungsumschwung zusätzlichen Auftrieb erhalten.

Die unterlassene Vergangenheitsbewältigung

Eine Faschismusdebatte hat es in der jüngeren Geschichte Italiens schon einmal gegeben. Mitte der 1990er-Jahre erschütterte der Korruptions- und Parteienfinanzierungs-Skandal *Tangentopoli* das politische Establishment. Die von einem mutigen Richter-Pool der unabhängigen Justiz veranlasste Verhaftungs- und Prozesswelle führte zur Implosion der Staatspartei *Democrazia Cristiana,* die fünf Jahrzehnte regiert hatte. Da stürmte Multimillionär und Medientycoon Silvio Berlusconi unter Verwendung der Fußball-Metapher *scendo in campo* ins politische Feld. Er fühle die Pflicht, so Berlusconi damals, Italien (und natürlich sein eigenes Wirtschaftsimperium) vor den Kommunisten zu retten. Nach einem unerwartet großen Wahlerfolg holte Berlusconi zwecks Mehrheitsbeschaffung die mittlerweile gezähmten und imagemäßig verjüngten Ex-Faschisten des *Movimento Sociale Italiano* mit ins Boot. Die Partei wurde in *Alleanza Nazionale* (AN) umbenannt, die Trikolore-Flamme im Parteilogo (von Jean-Marie Le Pen in Blau-Weiß-Rot kopiert) wurde stark verkleinert und der neue Parteichef Gianfranco Fini machte sich für eine inhaltliche Neupositionierung stark. Von faschistischem Totalitarismus und Rassismus wurde offiziell Abschied genommen, die Rassengesetze Mussolinis wurden als Fehler und der Holocaust als „das absolut Böse" bezeichnet. Das änderte nichts daran, dass 95 Prozent der Parteimitglieder, Kader und Abgeordneten die alten blieben. Die Regierungsbeteiligung der *Alleanza Nazionale* war ein absoluter Tabubruch in Italien, das sich offiziell immer als das Land der *Resistenza,* des antifaschistischen Widerstands und der Partisanen, feiert.

Berlusconi konnte die von nostalgischen MSI-Neofaschisten zu AN-Postfaschisten Mutierten salonfähig machen, ohne im Land einen massiven Aufschrei zu riskieren, weil schon seit den 1980er-Jahren ein Verblassen des antifaschistischen Konsenses um sich gegriffen hatte. Als sichtbarstes Zeichen dafür kann der 100. Geburtstag Benito Mussolinis 1983 gesehen werden. Der Leichnam des Diktators, den Anhänger jahrelang versteckt gehalten hatten, wurde 1957 in seinen Geburtsort Predappio überführt und in der Familiengruft in einem gigantischen Steinsarg neben seiner Mutter und anderen Angehörigen bestattet. Hatten in den 1960er-Jahren nostalgische Mussolini-Verehrer den Friedhof sehr diskret besucht, wurde er in den von kämpferischem Aktivismus geprägten 1970er-Jahren Treffpunkt rechtsextremer Gruppen und linksradikaler Gegendemonstranten, wobei es regelmäßig zu Schlägereien kam. Zum runden Geburtstag dann der Paukenschlag: Mehr als 20.000 Menschen strömten nach Predappio, Jung und Alt aus dem ganzen Land kamen angereist. Die Linke schwankte zwischen Schock und Empörung, doch der Sozialist Bettino Craxi, Ministerpräsident einer Regierungskoalition mit der dominierenden *Democrazia Cristiana,* blieb tatenlos. Seither pilgern dreimal im Jahr, zu Mussolinis Geburts- und Todestag und am Tag des Marsches auf Rom Hunderte Faschismusbegeisterte nach Predappio, mit Abzeichen und Reliquien aus der alten Zeit geschmückt, die Trikolore schwenkend, den Arm zum römischen Gruß gestreckt. 2018 waren es 2000. Von den ebenso regelmäßig mit *Bella-Ciao*-Gesängen protestierenden Antifaschisten werden sie von einem großen Polizeiaufgebot abgeschirmt. Und obwohl das 6000 Einwohner zählende Städtchen am Fuß des Apennin in der Emilia-Romagna seit Jahren einen linken Bürgermeister wählt, hat sich Predappio zu einem regelrechten Mini-Mussolini-Disneyland mit unzähligen Souvenirläden und allem Drum und Dran entwickelt.

Aber Predappio bildet nur die sprichwörtliche Spitze des Eisberges. So wird in ganz Italien zum Jahresbeginn an unzähligen Zeitungskiosken, in Buchhandlungen und Souvenirläden der sogenannte Mussolini-Kalender mit Bildern des Duce für alle Jahreszeiten feilgeboten und offenbar auch mit Erfolg verkauft. Auch dass es allein in Rom ein Dutzend Mussolini-Nostalgie-Restaurants gibt, wird allseits als Folklore hingenommen, obwohl die Ausstattung dieser Lokale in Deutschland oder Österreich wohl unmittelbar zur behördlichen Zwangsschließung und möglicherweise zu Anklagen wegen Wiederbetätigung führen würde. Duce-Fotos mit und ohne Uniform, historische Propagandaplakate, Fahnen, Säbel und Siegerpokale, Weinflaschen mit übergroßem Duce-Foto als Etikett und last but not least die Speisekarte: ein Menü in mehreren Gängen, jeder benannt nach faschistischen Reminiszenzen. Neben einschlägigen Stammkunden, auch aus dem Ausland, zählen Touristen zur Klientel, nach dem Motto: „Nach dem Pantheon und der Fontana di Trevi gehen wir noch Mussolini schauen."

In Chioggia südlich von Venedig sorgt der faschistische Badestrandbetreiber Gianni Scarpa seit Langem für Schlagzeilen. Eingang, Kabanen, Strohwände zum Sonnenschutz – alles ist bestückt mit Symbolen und Sprüchen aus dem *Ventennio,* den 20 Jahren Faschismus, und sogar ein kleines Mussolini-Museum mit großer Büste und Historischem inklusive einer kleinen Kanone kann besichtigt werden. Unter den vom TV-Sender *La7* im Juli 2017 interviewten Badegästen gab es vor allem jugendliche Bewunderer jener Zeit, „in der noch Moral und Ordnung herrschten", die übrigen schätzten einfach die „Sauberkeit, Ordnung und Disziplin", die der Betreiber am Strand überwache. Die allgegenwärtige Faschismus-Huldigung störte sie nicht sonderlich – vielleicht auch deshalb, weil die Behörden die Entfernung der zu offen gesetzeswidrigen Plakate und „Ikonen" und vor allem die Einstellung der über Lautsprecher verbreiteten Mussolini-Reden befohlen haben.

„Mussolini hat auch viel Gutes getan"

Die Unbefangenheit im Umgang mit dem Erbe des Faschismus, ob aus Unwissenheit oder politischer Überzeugung, darf nicht verwundern, wenn sogar die höchsten Volksvertreter und Repräsentanten des Staates die Mussolini-Diktatur beschönigen. So geschehen im März 2019. Antonio Tajani, prominentester Spitzenvertreter der Berlusconi-Partei *Forza Italia* und vor allem scheidender Präsident des EU-Parlaments, lobte in einem Radio-Interview ausführlich die für Italien vollbrachten Wohltaten Mussolinis: „Na ja, bevor er Hitler folgend der gesamten Welt den Krieg erklärt hat (1940), bevor er die Rassengesetze eingeführt hat (1938) und abgesehen von der dramatischen Sache mit Matteotti [Anm. LG: 1924 von Faschisten ermordeter Sozialistenführer] hat er positive Dinge beim Aufbau der Infrastruktur unseres Landes verwirklicht. Man kann mit seiner Methode nicht einverstanden sein – ich bin nicht Faschist und war nie ein Faschist –, aber wenn man ehrlich ist, er hat Straßen gebaut, Brücken, Gebäude, Sportanlagen, er hat ganze Teile Italiens entsumpft und urbar gemacht. Wenn man ein historisches Urteil fällt, muss man objektiv sein. Natürlich waren die Rassengesetze verrückt und der Kriegseintritt ein Selbstmord und sicherlich war er kein Held der Demokratie, aber man muss auch die positiven Dinge sehen, die er realisiert hat." (*Radio 24, La Zanzara*, 13. März 2019)

In Italien haben die Aussagen Antonio Tajanis, der eigentlich als gemäßigter Konservativer gilt, erst nach ein paar Schreck-Stunden allseitige Verwunderung und Empörung ausgelöst. International und vor allem im EU-Parlament gingen die Wellen hoch. Es hagelte heftige Kritik, Verurteilung und Rücktrittsforderungen.

Während sich die führenden Vertreter der *5 Sterne* von Tajanis Aussagen scharf distanzierten, legte *Lega*-Chef Matteo Salvini auf seine Art nach, indem er – wie weiter oben beschrieben (siehe Seite 43) – den Staatsfeiertag zum Gedenken an die Befreiung vom Nazi-Faschismus als nostalgisches „Derby" zwischen Faschisten und Antifaschisten schnoddrig-zynisch herabwürdigte. Dass die relativierenden Äußerungen prominenter Parteipolitiker wie Tajani und Salvini Beispielwirkung zeigen, belegen die fast wöchentlichen Berichte entsprechender Tabubrüche, die noch vor nicht allzu langer Zeit in Italien zumindest nicht so demonstrativ stattgefunden hätten.

So postete der Vorsitzende des Gemeinderates des lombardischen Städtchens Sant'Angelo Lodigiano, Gennaro Rocco, ein Selfie mit Faschistengruß zu Neujahr, garniert mit den Worten: „Wie versprochen, beginnen wir das neue Jahr mit dem Zeichen des Kreuzes und dem römischen Gruß!" Die *5-Sterne*-Vertreter haben es den Behörden gemeldet. Bisher ohne Konsequenzen.

Auch der Gemeinderat der Berlusconi-Partei *Forza Italia* Lucio Dattola zeigt gerne Haltung. Wenn die Gemeinderäte in Reggio Calabria bei Abstimmungen oder der Anwesenheitsüberprüfung einzeln aufgerufen werden, steht er stramm, den Arm zum römischen Gruß erhoben, mit dem an die Schwarzhemden erinnernden Ausruf „*A noi!*" (in etwa: „Nur zu!", „Wir sind dran!"). Der Bürgermeister hat als Reaktion allen Mitgliedern des Gemeinderates eine Ausgabe der italienischen Verfassung zukommen lassen ...

Und zeitgerecht vor dem 25. April 2019 wählte auch die Rechtsanwältin Maria Limardo den römischen Gruß als Jubelgeste. Die vom rechten Bündnis aus *Lega*, Berlusconi und *Fratelli d'Italia* unterstützte Kandidatin für das Bürgermeisteramt im kalabrischen Vibo Valentia begrüßte mit dem ausgestreckten Arm bei einer Wahlveranstaltung niemand Geringeren als den neuen Promi-Kandidaten zur EU-Wahl ihrer Partei: Caio Giulio Cesare Mussolini, Urenkel des „Duce". „Alles nur ein launiger Scherz", verteidigte sich Limardo.

Launiger Scherz, jugendliche Provokation oder doch mehr? Das muss man sich beim Vorfall im Februar 2019 am De-

Amicis-Lyzeum in Cuneo – mit der Goldmedaille für antifaschistischen Widerstand ausgezeichnete Stadt – fragen. Vier Schüler stellten sich dort in Reih und Glied martialisch vor einem Foto einer SS-Einheit auf. Die Abbildung war Teil einer Gedenkausstellung über die Naziverbrechen, zu Erziehungszwecken. Ein Video der Aktion stellten die Schüler ins Netz. Sie wurden sechs Tage suspendiert und mussten Sozialdienste leisten.

„Uns hat ein Nürnberger Prozess gefehlt"

Die Ursachen für die seit jeher erfolgte Banalisierung der Mussolini-Zeit sieht die Schriftstellerin Michela Murgia in der nie ernsthaft durchgeführten Vergangenheitsbewältigung.

„Uns hat ein Nürnberger Prozess gefehlt. Unsere Erbsünde heißt Piazzale Loreto [Anm. LG: Dort wurde Benito Mussolinis Leiche, gemeinsam mit jenen seiner Geliebten Clara Petacci und hochrangiger Faschisten, nach der Erschießung durch Partisanen öffentlich und kopfüber aufgehängt]. Italien hat sich nie der Verantwortung für diese 20 Jahre seiner Geschichte gestellt. Denn Mussolini hat sehr wohl mittels brutaler Gewalt geherrscht, er konnte aber auch auf großen Konsens, große Zustimmung zählen. Und in 20 Jahren prägt man zwei Generationen von jungen Menschen. Denn wenn man sich nicht der Vergangenheit stellen will, erforscht man nicht gründlich die Verantwortung, sondern nimmt die Hauptschuldigen und hängt sie auf. Damit schien der Fall erledigt – die Faschisten waren ja am Piazzale Loreto aufgehängt worden, und am nächsten Tag waren alle Italiener Partisanen. Der gesamte Staatsapparat und die Beamten blieben dieselben. Ganz Italien war ja großteils faschistisch! Was sollte man machen? Alle umbringen? Dann kam die große nationale Aussöhnung. Aber eine solche Aussöhnung kann es nur geben, nachdem die jeweilige Verantwortung eingestanden wurde, und nicht durch einen willkürlichen Schlussstrich, indem man sagt: ,Schwamm drüber' und ,in der Nacht sind ohnehin alle Katzen schwarz'. Das Ergebnis war eine Verherrlichung der Rhetorik der *Resistenza*, des Widerstandes – aber nur der Rhetorik, nicht der echten Erinnerung. Zugleich trat die geschichtliche Wahrheit vollkommen in den Hintergrund, so als wäre das gesamte Land auf magische Weise durch einen Traum gewandelt, aus dem wir plötzlich erwacht sind."

Dass bis heute das Mussolini-Regime vielfach fälschlicherweise als eine Art „mildere" Diktatur als jene der Nationalsozialisten betrachtet und selbst von italienischen Linken als „Lumpenfaschismus" bezeichnet wird, hat vielschichtige Gründe. Im Unterschied zu Hitler-Deutschland blieb in Italien die konstitutionelle Monarchie mit König Vittorio Emanuele III. und einem Parlament bestehen. Zum Premierminister einer Koalitionsregierung ernannt wurde Mussolini im Herbst 1922 mit Unterstützung des Königs, der Militärs, der nationalliberalen und konservativen Parteien sowie der Unternehmervereinigung *Confindustria,* bei neutraler Distanz der Kirche. Sie alle hofften, die faschistische Bewegung mit ihren brutalen Milizen, den *squadre* in Schwarzhemd-Uniform, einbinden und „institutionalisieren" zu können. Zugleich sahen sie im faschistischen *squadrismo* ein mächtiges Bollwerk gegen die besonders im Norden des Landes immer wieder aufflammenden Streiks und Kämpfe der Land- und Fabrikarbeiter, die meist von Sozialisten und Kommunisten organisiert waren. Auch der Umbau des Staates zum Regime und dann zur Diktatur Mussolinis vollzog sich unter Wahrung der rein formalen, aber substanziell ausgehöhlten Institutionen der konstitutionellen Monarchie. Und schließlich erfolgte selbst der Sturz Mussolinis im Sommer 1943 nicht durch einen Volksaufstand, sondern in Form einer „Entlassung" und gewaltlosen Verhaftung anlässlich einer Audienz beim König, in Absprache mit der

Heeresführung und einem Teil der faschistischen Führung. Sie hegten die Illusion, Italien könnte mit den USA und den Alliierten einen Separatfrieden zum Ausstieg aus dem für Italien katastrophal verlaufenden Krieg verhandeln. Hitler ordnete daraufhin die umgehende Besetzung Nord- und Mittelitaliens an und installierte mit dem in einer Blitzaktion befreiten Mussolini den Satellitenstaat der *Repubblica Sociale Italiana* (RSI), aufgrund ihres Regierungssitzes in Salò am Gardasee auch *Repubblica di Salò* genannt.

Während der Süden des Landes von den alliierten Truppen unter dem Jubel der Bevölkerung befreit wurde, begann 1943 im besetzten Norden der Partisanenkampf der *Resistenza*. Die schon seit einiger Zeit im Untergrund gebildeten Widerstandszirkel führten einen tapferen und teils blutigen Guerilla-Kampf. Die Vergeltungsmaßnahmen, Gegenschläge und Razzien der deutschen Besatzer waren besonders grausam. Nach der vom Oberbefehlshaber Süd, Albert Kesselring, ausgegebenen Order galt bei den sogenannten „Sühnemaßnahmen" das Prinzip: Erschießung von zehn Italienern für jeden von Partisanen getöteten Deutschen. Das hatte regelrechte Massaker wie jenes der Ardeatinischen Höhlen mit 335 ermordeten Zivilisten, darunter 75 Juden, zur Folge.

Von den geschätzt 80.000 Widerstandskämpfern gehörte etwa ein Drittel liberal-nationalen, laizistischen, sozialistischen und katholischen Gruppen an. Die größte und militärisch aktivste Truppe waren die Kommunisten. Das hat dazu beigetragen, dass die *Resistenza* bis heute mit den Kommunisten gleichgesetzt wird. Der Kampf der Partisanen wurde vor allem als Kampf gegen die Besatzer, als nationaler Befreiungskampf gegen die *Tedeschi,* die Deutschen, gesehen. Auch das hat zur Relativierung und Banalisierung des Mussolini-Faschismus beigetragen. Angesichts der grausamen Repression durch Wehrmacht, SS und Gestapo ließ man die Untaten der eigenen Faschisten und Kollaborateure gerne verblassen

– die Unterdrückung Andersdenkender in der Heimat ebenso wie die Schreckenstaten inklusive Giftgaseinsatz während der faschistischen Kolonialfeldzüge am Balkan und in Afrika. Die „Bösen" waren fortan die Deutschen.

Dazu der langjährige Chefredakteur der linksliberalen Tageszeitung *La Repubblica,* Ezio Mauro: „Eine gründliche Analyse der Kompromittiertheit der Seele unseres Landes mit dem Faschismus wurde nie gemacht. Zugleich ging sehr bald das Bewusstsein für den echten Wert der *Resistenza* verloren. Denn wir sollten nicht vergessen: Dieser Widerstand war eine wahrhaftige, autonome Rebellion von Teilen der Bevölkerung gegen die Diktatur. Wenn im Ausmaß auch beschränkt, war dieser organisierte und bewaffnete Antifaschismus doch ausreichend dafür, dass die errungene Demokratie keine zur Gänze von den Alliierten aufgezwungene, keine *démocratie octroyée* war. Es handelte sich nicht um eine von den Alliierten am Tisch entworfene neue Ordnung wie das Besatzungsstatut für Deutschland, das die Alliierten Adenauer 1949 übergeben haben [Anm. LG: das bis 1954 galt und erst mit der Wiedervereinigung Deutschlands restlos aufgehoben wurde]. Aus dieser zumindest teilweise durch autonome Rebellion errungenen Befreiung erwächst die Legitimierung der demokratischen Institutionen Italiens."

In der Tat ist die 1947 mit übergroßer Mehrheit beschlossene Verfassung unverkennbar vom antifaschistisch-republikanischen Geist geprägt. Allerdings hielt die aus der *Resistenza* rührende Einheitsregierung nicht sehr lange. Die bei den Wahlen 1946 mit viel amerikanischer und kirchlicher Hilfe stark gewordene *Democrazia Cristiana* brach mit den Kommunisten, entließ sie aus der Regierung der nationalen Einheit und vollzog eine radikale Wende hin zum Antikommunismus. Es war die Geburtsstunde der 50 Jahre dauernden Dominanz der Staatspartei und der blockierten Demokratie mit einem in zwei Blöcke gespaltenen Land: hier die eng mit den USA verbündete

DC, dort die hauptsächlich kommunistische Linke. Eine Spaltung, die den Stoff für die unterhaltsamen Filme „Don Camillo und Peppone" lieferte. Obwohl die gespannte Konfliktehe in der realen Welt bei Weitem nicht so harmlos und lustig verlief, verhinderte die Rechts-Links-Polarisierung keineswegs weitreichende Kompromisse.

Die Last des Kalten Krieges und die kommunistische Ambivalenz

Für den Philosophen Massimo Cacciari ist die damalige konziliante Haltung des kommunistischen Parteichefs und Justizministers Palmiro Togliatti gegenüber den Faschisten – er erließ 1946 eine Generalamnestie auch für Kollaborateure des Faschismus – nicht nur mit pragmatischen Überlegungen zur Befriedung des Landes zu erklären.

„Unmittelbar nach dem Krieg hat Togliatti sofort erkannt, dass ein bedeutender Teil der Anhänger und Mitläufer des Faschismus unweigerlich zu den Kommunisten wechseln würde. Aus Überzeugung, nicht aus Opportunismus. Und nicht nur die Basis, selbst führende Leute. Denn der Faschismus hatte eine starke soziale, eine antikapitalistische Komponente. Die ganze Emilia-Romagna, die Toskana – Hochburgen des schärfsten Faschismus – wurden umgehend zu den *regioni rosse*." Sie waren dann jahrzehntelang die Kernregionen der Linken.

Auch die scheinbar unversöhnliche Feindschaft zwischen den Christdemokraten und den Kommunisten sieht Cacciari in erster Linie als unfreiwilliges Zugeständnis an den Kalten Krieg und den bedrohlichen Druck der USA. „Die *Democrazia Cristiana* war nie antikommunistisch, nie. Das war nur Fassade. Die wirklichen Christdemokraten – und ich hatte mit sehr vielen von ihnen zu tun – waren keine Antikommunisten. Und vergessen Sie nicht: Im römischen Parlament wurden so gut wie alle Gesetze von großer sozialer Bedeutung, wie die Schulreform, die Gesundheitsreform und vieles mehr, von DC und PCI gemeinsam ausgehandelt und beschlossen. Dieser Kompromiss hat Italien den Aufschwung der Nachkriegszeit ermöglicht. Grundlage des Kompromisses, der ja von vielen bitter bekämpft wurde, war der Antifaschismus, und er hat bis zum Tod von Enrico Berlinguer (1984) und letztlich sogar bis zum Ende der Ersten Republik 1994 gehalten. Lange Zeit war es ein ‚Kompromiss unter der Decke‘, der erst in den 1970er-Jahren offiziell praktiziert wurde. Die sozialen und gewerkschaftlichen Bewegungen seit 1968/69 brachten die kommunistische Partei jedoch in große Bedrängnis. Das führte Berlinguer und Aldo Moro zur Erkenntnis, dass man weitere Schritte der Zusammenarbeit suchen müsse (der ‚historische Kompromiss‘ Berlinguers). Deswegen musste Moro sterben, deswegen wurde er aus dem Weg geräumt."

Mani pulite und der Aufstieg Berlusconis

Der Kalte Krieg, die Spaltung in ein an die Supermächte gebundenes linkes und bürgerliches Lager, die verdeckten Operationen ausländischer Geheimdienste, schwarzer und roter Terror – all das hat Italien mehrmals in gravierende Ausnahmezustände versetzt und bedrohliche Putschszenarien befürchten lassen. Implodiert ist die Erste Republik allerdings erst nach dem Fall der Berliner Mauer, auf ganz legalem und friedlichem Weg, durch die Arbeit mutiger und unabhängiger Richter.

Der erste Akt des Polit-Erdbebens spielte sich ab wie in einem nicht sehr fantasiereichen Fernsehkrimi. Im Februar 1992 empfängt Mario Chiesa, der Leiter eines Mailänder Altersheims, in seinem Direktionsbüro Luca Magni, den Chef einer Reinigungsfirma. Dieser hat sieben Millionen Lire Bargeld dabei, die Hälfte der vereinbarten Zehn-Prozent-„Kommission", die der Direktor dafür verlangt, dass der Auftrag für die Reinigungsarbeiten im Heim verlängert wird. Allerdings ist Herr Magni auch mit einem geheimen Mikrofon und einer versteckten Kamera ausgerüstet. Sobald Direktor Chiesa das Geld entgegennimmt, stürmen Carabinieri ins Büro. Chiesa entnimmt seinem Schreibtisch weitere Geldbündel im Wert von 37 Millionen Lire (heute ca. 18.000 Euro), schließt sich in der Toilette ein und versucht vergebens, das Geld zu entsorgen. Herr Magni von der Reinigungsfirma war es leid, regelmäßig zehn Prozent Bestechungsgeld zu bezahlen und hatte die Polizei eingeschaltet.

Nun war Mario Chiesa nicht nur Chef eines Altersheims, sondern ein bekannter Vertreter der sozialistischen Partei Bettino Craxis und Kandidat für den Mailänder Bürgermeistersessel. Angeordnet hatte die Polizeiaktion der Staatsanwalt Antonio Di Pietro, der schon wenige Monate später zum leitenden Staatsanwalt des zentralen Richterpools von *Mani pulite* („saubere Hände" im Sinn von weißer Weste) und zum Star in Richtertoga aufstieg. Die Ermittlungen über die illegale Parteienfinanzierung der Mailänder Sozialisten erzeugten einen unerwarteten Schneeballeffekt. Jede Verhaftung, jede Zeugenaussage, jede Öffnung der Bankkonten förderte neue Spuren und neue Bestechungspraktiken zutage. Die Zahl der Richter wurde aufgestockt, die Untersuchungen wurden auf ganz Italien ausgeweitet. Schon nach wenigen Monaten wurde klar, dass die Operation *Mani pulite* das größte Bestechungsnetz seit 1945 aufgedeckt hatte. Betroffen waren sämtliche Parteien des *Pentapartito,* der Fünf-Parteien-Regierung aus der dominierenden *Democrazia Cristiana*, den Sozialisten als kleinem Koalitionspartner und den weiteren drei Kleinstparteien PSDI, PRI, PLI (Sozialdemokraten, Republikaner und Liberale). Der als *Tangentopoli (tangente* bedeutet Bestechungs- oder Schmiergeld) in die Geschichte eingegangene Skandal umfasste hauptsächlich illegale Parteienfinanzierung und Bestechung, aber natürlich auch Amtsmissbrauch, Betrug, Steuerhinterziehung und persönliche Bereicherung. Jede Vergabe öffentlicher Aufträge, jede Lizenz, jeder gewährte Kredit, jede Geschäftsoperation der großen Unternehmen mit Staatsbeteiligung, jede Kulturförderung – für alles waren Schmiergelder zwischen 10 und 15 Prozent die Regel. Dazu kam ein System der kreativen Begünstigungen, deren Fantasie grenzenlos schien: Arbeitsstellen im öffentlichen Dienst, Baugenehmigungen und Wettbewerbsschwindel, Gefälligkeiten aller Art im Bereich von Justiz und Verwaltung, Geschenke, Dienstreisen, Einladungen bis hin zu den erlassenen Verkehrsstrafen – für alles gab es die berühmten *bustarelle,* die Briefchen mit Cash. Wirtschaftsexperten haben errechnet, dass allein die generalisierte *Tangentopoli*-Korruption den Steuerzahler fünf Milliarden Euro jährlich plus eine Steigerung der Staatsschuld um 130 Milliarden Euro gekostet haben soll.

Noch viel beeindruckender, weil für jeden sichtbar, war die Welle der Verhaftungen, Prozesse und Verurteilungen im

Zuge der *Mani pulite:* Gegen mehr als 5000 Personen wurden Ermittlungen eingeleitet. Von 3200 Gerichtsverfahren wurden 2268 abgeschlossen. Dabei gab es 1254 Verurteilungen, 104 außergerichtliche Einigungen und 910 Freisprüche, ein bedeutender Teil wurde wegen Verjährung eingestellt.

Etliche große Prozesse wurden live im Fernsehen übertragen, Radio und Zeitungen berichteten monatelang ausführlich. Obwohl allen Italienern das grassierende System von Bestechung und Vetternwirtschaft natürlich bekannt war, sorgten das enthüllte Ausmaß und die prominenten Namen der überführten Betrüger doch für einen tiefen Schock. Hunderte hochrangige Politiker, Beamte, Geschäftsleute, sogar Offiziere der Finanzwache wanderten hinter Gitter, zumindest in Untersuchungshaft. Zwei Beschuldigte nahmen sich das Leben, ein dritter starb auf mysteriöse Weise. Ein Teil der Politiker versuchte sich durch Gegenanzeigen gegen den Richterpool von *Mani pulite* zu wehren, aber ohne Erfolg.

Bei landesweiten Kommunalwahlen 1993 verloren die Regierungsparteien mehr als die Hälfte der Wählerstimmen. Als erstes erfolgte die Selbstauflösung der sozialistischen Partei, ihr Anführer Bettino Craxi floh ins Exil nach Tunesien, wo er bis zu seinem Lebensende blieb. Die *Democrazia Cristiana* zerfiel in eine Vielzahl von Kleinparteien, von denen mittelfristig keine die Krise überdauerte.

Die kommunistische Partei, die bis auf ein paar Lokalpolitiker vom *Tangentopoli*-Skandal verschont blieb, hatte schon drei Jahre zuvor, gleich nach dem Fall der Berliner Mauer, ihren Umwandlungsprozess begonnen. Aus dem *Partito Comunista Italiano* wurde der *Partito Democratico della Sinistra* (Partei der demokratischen Linken), der nach sieben Jahren in *Democratici di Sinistra* umgetauft wurde und nach weiteren neun Jahren mit der ehemals christdemokratischen *La Margherita* zur heutigen Mitte-Links-Partei *Partito Democratico* fusionierte.

Das System der Staatspartei *Democrazia Cristiana*, die mit einigen Kleinparteien fünf Jahrzehnte geherrscht hatte, lag 1993 in Trümmern, die Kommunisten waren auch offiziell zu Sozialdemokraten mutiert und ein neuer „starker" Mann betrat die Bühne: Silvio Berlusconi. Im März 1994 wurde seine *Forza Italia* mit 20 Prozent zur stärksten Partei und er selbst Regierungschef einer Koalition mit den Postfaschisten der *Alleanza Nazionale* und der *Lega Nord*. Dieser Auftakt gilt seither als der Beginn der Zweiten Republik.

Silvio Berlusconi - Italiens Trump

Noch auf dem Höhepunkt seiner Karriere als Premierminister beklagte Berlusconi gerne auf Großveranstaltungen und in Interviews empört: „57 Gerichtsverfahren laufen gegen mich! Dass der Chef der Regierung von einer politisierten Justiz so verfolgt wird, das hat es noch nie in unserer Geschichte gegeben. Sie wollen mich weghaben, sie wollen uns zerstören, aber wir sind stärker!" Opfer der *toghe rosse*, der roten Talare, aber kämpferisch – in dieser Rolle gefällt sich Berlusconi auch heute noch mit Stolz. Als sich Matteo Salvini und Luigi di Maio, die beiden Vizepremierminister, ihrerseits über Verfolgung durch politisch-parteiische Richter beklagten, richtete ihnen der 82-jährige Haudegen aus: „Ihr seid ja Dilettanten, schaut doch mich an!" Denn nichts steht für ihn höher als der Superlativ, der Rekord – und sei es die Anzahl der Gerichtsermittlungen. 36 Verfahren sind inzwischen abgeschlossen, fast ebenso viele wurden eingestellt – wegen Verjährung, Verfahrensfehlern, infolge einer Amnestie oder aus Beweismangel – und ein halbes Dutzend laufen noch, davon eines wegen möglicher Verwicklung in die Attentate der Mafia gegen die Staatsanwälte Paolo Borsellino und Giovanni Falcone 1992 durch spektakuläre Autobomben-Attentate. Die Palette der Anklagen in all diesen

Jahren umfasst Wirtschaftsverbrechen wie Bilanzfälschung und Steuerhinterziehung, illegale Parteienfinanzierung, Schmiergeldzahlung und Bestechung von Politikern, Richterbestechung, Meineid, Beihilfe zur Prostitution, Geldwäsche in Kooperation mit der Mafia – die Liste ließe sich fortsetzen. Außerdem war Berlusconi Mitglied der Geheimloge P2, Mitgliedsnummer 625.

Vom Kassationsgericht endgültig verurteilt wurde Berlusconi im August 2013. Die Richter konnten dem Medienmogul Steuerhinterziehung von 368 Millionen Dollar mithilfe eines weit reichenden Offshore-Netzwerks nachweisen. Die verhängte Strafe von vier Jahren Haft bezog sich jedoch nur auf 7,3 Millionen Euro, die früheren Hinterziehungsvergehen waren schon verjährt. Und die Haftstrafe wurde durch einen Parlamentsbeschluss auf ein Jahr gesenkt. Aber auch dieses eine Jahr brauchte Berlusconi nicht im Gefängnis abzusitzen, sondern musste lediglich täglich ins Altersheim *Sacra Famiglia* bei Mailand zum Sozialdienst. Und auch diese Strafe inszenierte der damals schon 78-Jährige zum effektvollen Medienereignis: Berlusconi mit den Heiminsassen beim Kartenspiel, Berlusconi beim lustigen Vortrag über sein turbulentes Leben, Berlusconi beim Singen und vor allem bei seiner Lieblingsdisziplin – dem Schlüpfrige-Witze-Reißen ... Nicht nur die Boulevardmedien spielten dankbar den Multiplikator. Star bleibt eben Star.

Aufstieg mit Geldern der Mafia

1936 geboren und aus kleinbürgerlichen Verhältnissen stammend, verbrachte Silvio Berlusconi seine Kindheit während der deutschen Besatzung in der Umgebung von Mailand, während sich sein Vater Luigi für einige Jahre in die Schweiz absetzte. Nach seinem Jus-Studium machte sich Berlusconi als wendiger Immobilienmakler einen Namen in Mailand. Für sein erstes großes Erfolgsprojekt, *Milano 2,* ein Wohnviertel mit luxuriöser Infrastruktur, ernannte er in den 1970er-Jahren seinen Studienfreund Marcello Dell'Utri zum Assistenten und Sekretär. Bis zu seiner Verurteilung zu sieben Jahren Haft im Jahr 2014 wegen Beziehungen zur Mafia blieb Dell'Utri Intimus und rechte Hand Berlusconis: Ideenspender, gefinkelter Stratege, Netzwerker und der Mann für alle heiklen Missionen.

Begonnen hatte diese Sonderbeziehung mit zwei Gewalttaten. Einmal wurde ein Dinner-Gast beim Verlassen der Berlusconi-Villa für kurze Zeit entführt, ein anderes Mal explodierte Sprengstoff vor der Haustür. Berlusconi sah darin eine Warnung der Mafia und wollte verhandeln. Dell'Utri ist Sizilianer mit Beziehungen zur Cosa Nostra. Er beschaffte seinem Freund einen als „Hausmeister und Stalldiener" getarnten Leibwächter, Vittorio Mangano. Der in späteren Jahren wegen drei verschiedener Mafia-Morde zu mehrmals lebenslänglich verurteilte Mangano zog mit Frau und Kindern in die Luxusvilla Berlusconis. Wie inzwischen durch die Aussagen mehrerer Mafia-Geständiger vor Gericht belegt ist, wurde Mangano zum Brückenkopf und Verbindungsmann der Cosa Nostra in der Lombardei und ganz Norditalien. Er war es auch, der drei Treffen Berlusconis mit dem sizilianischen Politiker der *Democrazia Cristiana*, Bürgermeister von Palermo und Geschäftsmann der Mafia Vito Ciancimino arrangierte. Ciancimino sorgte dann für Investitionen in großem Stil in das Immobilienprojekt *Milano 2* – eine der gängigsten Formen der Reinwaschung schmutziger Millionen aus dem Drogenhandel. Bestätigt wurde diese Geldwäsche inzwischen auch durch die Aussagen der Ehefrau Cianciminos und des Sohnes Massimo Ciancimino, der selbst erst 2018 zum wiederholten Mal zu mehrjährigen Haftstrafen verurteilt wurde. Der inzwischen verstorbene Vater Vito Ciancimino soll außerdem noch in den 1980er-Jahren rund 20 Milliarden Lire in Berlusconis TV-Imperium *Mediaset* investiert haben.

Vom Immobilieninvestor zum Medienzar

Berlusconis Idee, ins Mediengeschäft einzusteigen, wurde ebenso in der Nobelsiedlung *Milano 2* geboren. Ursprünglich als Versorgungsdienstleistung gedacht, wurde dort ein internes Kabel-TV geschaffen, damit die Bewohner dem Gottesdienst und religiösen Sendungen im Wohnzimmer folgen konnten. In den 1970er-Jahren herrschte in Italien noch das Monopol des öffentlich-rechtlichen TV-Senders RAI. Allerdings konnte man im Norden des Landes schon Sender aus dem benachbarten Ausland empfangen. Also schuf Berlusconi das erste lokale Mailänder Kabel-TV *Telemilano 58*. In kürzester Zeit gab es landesweit mehrere Dutzend solcher Kabel-Sender. 1976 gab das Verfassungsgericht Privatfernsehen auch im Äther frei, aber nur lokal begrenzt. Nach wenigen Jahren gab es rund 600 lokale, private Anbieter. Berlusconi begann die wichtigsten aufzukaufen und in seinem Unternehmen *Mediaset* zu vereinen. Als auch das landesweite Senden erlaubt wurde, hatte er schon ein kleines Imperium mit drei großen Sendern aufgebaut. Dann fiel die letzte Barriere – es durften auch echte Nachrichtensendungen national ausgestrahlt werden.

Von großer Hilfe war in jener Zeit Berlusconis Freundschaft mit dem Chef der Sozialisten und zeitweiligen Premierminister Bettino Craxi, der sowohl Trauzeuge Berlusconis als auch Taufpate von Berlusconis Tochter Barbara war. Craxi ebnete nicht nur so manche Wege bei Lizenzfragen, sondern überzeugte zudem den französischen Präsidenten François Mitterrand, den Berlusconi-Sender *La Cinq* in Frankreich zuzulassen. Woher all die Gelder stammten, um innerhalb weniger Jahre ein Imperium aus TV-Sendern, Verlagen und Werbefirmen aus dem Boden zu stampfen, diese Frage stellte sich damals niemand, zumindest nicht öffentlich.

Forza Italia, die Partei *del Presidente*

„Italien ist das Land, das ich liebe. Hier habe ich meine Wurzeln, meine Hoffnungen, meinen Horizont. Hier habe ich auch
von meinem Vater und durch das Leben meinen Beruf als Unternehmer gelernt. Hier habe ich auch meine Leidenschaft
für die Freiheit erlernt. Ich habe beschlossen, in den Ring zu
steigen, um mich der öffentlichen Sache anzunehmen. Ich will
nämlich nicht in einem illiberalen Land leben, das von unrei-
fen Kräften und von Männern regiert wird, die eng an eine politisch und ökonomisch zum Scheitern verurteilte Geschichte
gebunden sind." (TV-Ansprache am 26.1.1994)

So begann die neun Minuten lange Ansprache, die Silvio
Berlusconi in seinem Büro, hinter dem Schreibtisch sitzend,
an die Italiener richtete. Das Video wurde von all seinen TV-
Kanälen wiederholt gesendet und natürlich von allen anderen
Medien übernommen. Noch waren die vielen hundert Prozesse
des *Tangentopoli*-Skandals am Laufen, aber die Regierungspar-
teien befanden sich schon im chaotischen Auflösungsprozess.
Aus Angst, die Linke könnte im plötzlich entstandenen politi-
schen Vakuum an die Regierung kommen, ergriff Berlusconi die
Flucht nach vorne und gründete „seine" Partei, die *Forza Italia*.

Architekten der Operation waren der schon bewährte Mar-
cello Dell'Utri und der in Kalabrien geborene Römer Staran-
walt Cesare Previti. Wie Dell'Utri pflog auch er nostalgische
Sympathien für die Mussolini-Jahre und wie Dell'Utri wurde
er in mehreren Prozessen verurteilt – insgesamt zu acht Jahren
Haft, weil er als Anwalt der Berlusconi-Firma *Fininvest* zwei
Richter bestochen hatte. Strafen, die allerdings in sechs Jahre
Sozialdienst – und zwar als Berater in Rechtsfragen (sic!) – bei
einer Hilfsorganisation des katholischen Paters Don Mario
Picchi umgewandelt wurden.

Auf die Beine gestellt wurde die neue Partei 1993 in der
Rekordzeit von neun Monaten. Als Grundgerüst diente Berlus-

conis Werbefirma *Publitalia,* die landesweit in allen wichtigen Städten vertreten war. Die Filialleiter wurden zu örtlichen Parteifunktionären, und neben Werbeflächen, TV-Spots und Marketing-Konzepten verkauften sie jetzt eben die Reden, Sprüche und Losungen des *Presidente*: *„Forza Italia!"* „Vorwärts Italien!" Der wirkungsvolle Name stand Berlusconi außerdem gut an, war er doch populärer Präsident des Fußball-Clubs AC Milan, und im Stadion tönte es ja bei jedem Spiel *„Forza Milan!"*.

Forza Italia war in den ersten Jahren keine Partei im traditionellen Sinn, sondern ein Wahlverein des ebenso unkonventionellen Anführers. Programm, Satzungen, Kandidatenauswahl und politische Entscheidungen wurden vom *Presidente* und seinen engsten Vertrauten bestimmt, es gab keine demokratische, sondern eine streng vertikale Organisationsstruktur, und geführt wurde die Partei genauso wie ein Berlusconi-Unternehmen. Flankierend wurden im ganzen Land nach dem Muster der Fan-Clubs im Fußball mehrere Tausend *Forza Italia*-Clubs gegründet. Wer Mitglied in einem solchen *Club Forza Italia* war, musste nicht Parteimitglied werden und gehörte doch zur Familie.

Wie seine Unternehmen werde er auch Italien wieder zum Erfolg führen, versprach Berlusconi den Italienern und inszenierte sich als Nicht-Politiker, der mit den soeben im Korruptionssumpf versinkenden Parteien nichts gemeinsam hat – dabei war er natürlich Mitglied des ebenso zerfallenden *Partito Socialista* des ins tunesische Exil unter den Schutzmantel des dortigen Präsidenten Ben Ali geflüchteten Bettino Craxi. Der selbst ernannte „neue Mann" war in Wirklichkeit seit seinem Aufstieg Teil des Systems, mit besten Beziehungen in der Wirtschaft, der Finanz, der Loge P2 und zur Mafia. Unorthodox und neu war jedoch sein Stil.

Als Unternehmer hat Berlusconi mit seinen Privat-TV-Sendern eine neue Medienlandschaft und Unterhaltungsindustrie in Italien kreiert – schrill, laut, leichtfüßig und politisch offen propagandistisch. Als Politiker hat er den modernen Populismus etabliert. Seine als Ein-Mann-Show gestaltete Omnipräsenz auf allen Kanälen, begleitet von unverschämter Lobhudel-Berichterstattung in den Informationssendungen der *Mediaset*-Gruppe, ließ die Kritiker von „medialem Peronismus" und von „Videokratie" sprechen. Das zweite Instrument bildeten die Meinungsumfragen. *Publitalia* und *Mediaset* waren absolute Profis im Erkunden der Stimmung im Volk und im Entwickeln griffiger Werbeslogans, der Vermarktung einfacher Botschaften des *Presidente*.

Die Kultivierung der Feindbilder, die Distanzierung vom abgehobenen Politikbetrieb, der Appell an das gesunde Volksempfinden waren gezielte Doppelbotschaften: Seht her, ich bin der erfolgreiche Unternehmer, aber ich bin einer von euch, einer mit normalem Hausverstand. Dazu gehörten schlüpfrige Macho-Witze, das Sich-Brüsten mit seinen Erfolgen bei Frauen ebenso wie die verächtlichen Seitenhiebe auf Gegner, auf Andersdenkende, auf Minderheiten.

Realpolitisch gesehen waren die Ziele des talentierten Wahlkämpfers einfach. Erstens der Schutz seines Wirtschaftsimperiums, zweitens der Schutz vor den bedrohlichen Untersuchungen der Justiz (die berühmten 57 Verfahren), drittens Wahlsiege und Machterhalt – als Immunitätsschutz und zur Befriedigung seines überschäumenden Narzissmus. Visionen für die Zukunft des Landes? Fehlanzeige. Dementsprechend scheute Berlusconi nicht davor zurück, die politischen und verfassungsrechtlichen Spielregeln zurechtzubiegen, einen Dauerkampf gegen die unabhängige Justiz zu führen und mit seiner Parlamentsmehrheit Dutzende Gesetze *ad personam* durchzupeitschen. Ob Prozessordnung, Verjährungsfristen, Strafreduktionen, Werbe- und Medien-Regelungen – wann immer dem *Presidente* Schwierigkeiten drohten, wurden Regierungsdekrete erlassen und dann nötigenfalls die Zustimmung gewisser Parlamentarier erkauft. Durch Angebot von Gegengeschäften, aber auch mit Geld oder, wie in einem vor Gericht bewiesenen Fall, durch Schenkung einer Wohnung in Rom.

Ebenso tabulos verfuhr Berlusconi auch bei der Wahl seiner Koalitionspartner. Gleich nach seinem ersten Wahlsieg 1994 holte er den neofaschistischen *Movimento Sociale Italiano* unter seinem neuen Chef Gianfranco Fini in die Regierung, eine Partei, die jahrzehntelang als außerhalb des Verfassungsbogens stehend behandelt worden war. Sein zweiter Mehrheitsbeschaffer war die *Lega Nord* mit ihrem Gründer Umberto Bossi, dem Vorgänger Matteo Salvinis. Seine letzte Regierung brachten aber weder die Justizaffären noch die Skandale um seine Feste mit Escort-Damen zu Fall, sondern er trat im November 2011 auf Druck der Finanzmächte, der EU und des Staatspräsidenten Giorgio Napolitano zurück, weil das Land am Rande des wirtschaftlichen Bankrotts angelangt war. Er selbst und seine Anhänger sprechen bis heute von einem „Putsch" gegen ihn. So viel zu Berlusconis Wirtschaftskompetenz als selbst ernannter „erfolgreichster Unternehmer und reichster Mann Italiens". Mit Fug und Recht für sich beanspruchen darf Berlusconi allerdings, dass er schon 25 Jahre vor dem derzeitigen Mann im Weißen Haus den Trumpismus *all'italiana* erfunden hat, inklusive zelebrierter Busenfreundschaft mit Wladimir Putin.

Die drei Grundübel Italiens:
Bürokratie, Korruption, Justiz

Im Würgegriff der Bürokratie

Die Bücher, Studien und Artikel über die Geißel der italienischen Bürokratie füllen ganze Bibliotheken – die Gesetze, Bestimmungen und Regelwerke zur Bekämpfung des „Monsters" ebenso viele, schrieb die linksliberale Tageszeitung *Il Fatto Quotidiano*. Rund 110.000 (!) Normen und Bestimmungen hat der italienische Gesetzgeber auf staatlicher, regionaler und lokaler Ebene im Lauf der Jahrzehnte zur Materie beschlossen, also selbst wesentlich zur Schaffung des Monsters beigetragen. Welche kafkaesken Folgen das selbst im banalsten Alltag haben kann, zeigt folgende Anekdote.

In der mittelitalienischen Region Marken hatte der Gemeinderat einer Kleinstadt beschlossen, einer jungen Nachwuchssportlerin zum Wettbewerbssieg mit einem Blumenstrauß zu gratulieren. Kostenpunkt: 22 Euro. Dazu musste die Stadtverwaltung einen schriftlichen Kostenvoranschlag eines Blumenhändlers einholen. Kopien von Kostenvoranschlag und Rechnung mussten dann an die Antikorruptionsbehörde gesandt werden. Ebenso an die Sozialversicherung INPS und an die Arbeitsunfallversicherung INAIL, um sicherzugehen, dass der Blumenhändler dort all seinen Anmelde- und Abgabenpflichten nachkommt. Des Weiteren musste die Gemeinde eine Kopie der Rechnung an die zuständigen Wirtschaftsprüfer weiterleiten und bestätigen, dass zwischen der ankaufenden Gemeinde und dem Blumenlieferanten kein Interessenskonflikt (Befangenheit) existiert. Der Antikorruptionsbehörde ANAC musste zudem die Kontonummer des Blumenhändlers bekanntgegeben werden, um nachzuweisen, dass der Ankauf nur deshalb ohne öffentliche Ausschreibung erfolgt war, weil es in der Gegend keinen von der Wirtschaftskammer autorisierten möglichen Konkurrenten gibt. Und schlussendlich musste die Gemeinde noch amtlich erklären, dass die finanzielle Deckung des Ankaufs gesichert war.

Natürlich gibt es für die geschilderten Meldungen, Notifikationen und Bestätigungen jeweils vorgedruckte Formulare, auf denen sämtliche Gesetze inklusive Ergänzungs- und Abänderungsparagrafen im Kleingedruckten angeführt sind, auf die sich die jeweilige Meldung, Notifikation, Bestätigung bezieht. Aus dem Amtsalltag der öffentlichen Verwaltung wissen jedoch nicht nur die Beamten, sondern auch die allermeisten Bürger, dass besonders bei lokalen Behörden die Digitalisierung meist in den Kinderschuhen steckt. Und wenn dann, wie so oft, das Gerät zum Scannen der mehrseitigen Formulare nicht ganz funktionstüchtig sein sollte, dann greift man doch lieber auf die alte, aber bewährte Methode des Briefweges zurück – auf die Verlässlichkeit der legendär schwerfälligen *Poste Italiane* hoffend.

Die verheerenden Ausmaße der Bürokratie verschonen keinen Lebensbereich des Landes. Ob Staat, Region, Provinz oder Kommune, ob Schule oder Gesundheitswesen, Polizei oder Justiz, Verkehr, Telekommunikation oder Umwelt – Behörden, Beamte, Wirtschaftstreibende und einfache Bürger sind Daueropfer der Ineffizienz. Alljährlich werden zwei Dutzend Studien und Berichte über dieses krebsartige Geschwür veröffentlicht. Und in den Länder-Rankings von Weltbank, Währungsfonds, OECD, EU-Kommission, namhaften Universitäten wie Oxford, den italienischen Unternehmerverbänden oder Gewerkschaften findet sich Italien seit Jahren unter den Schlusslichtern, wenn es um Effizienz, Verwaltung und somit um die Voraussetzungen für Investitionen und Wirtschaft geht. So sah die EU 2017 Italien auf Platz 23 von 28. Der *International Civil Service Effectiveness Index* der Universität Oxford untersuchte 31 Länder, darunter 22 europäische, und reihte Italien auf Platz 27, knapp vor Tschechien, Griechenland, Ungarn und der Slowakei. Je nach Studie und Schätzung werden die Verluste für Italiens Wirtschaft auf 30 bis 40 Milliarden Euro pro Jahr beziffert. Das sind 2 bis 2,5 Prozent des BIP und an die 130.000 Arbeitsplätze.

Besonders betroffen sind Handwerker, Dienstleister und Unternehmen, die im Auftrag der öffentlichen Hand arbeiten. So protestieren die Bauunternehmer gegen die chaotischen Zustände. Mehr als 600 schon ausgeschriebene, bewilligte oder gar begonnene Bau- und Renovierungsprojekte haben sie auf ihrer Internetseite sbloccacantieri.it („gebt die Baustellen frei") aufgelistet. Blockiert sind die Arbeiten, davon rund 100 mit Auftragsvolumen von je mehr als 100 Millionen Euro, aus den verschiedensten Gründen: Geldknappheit, Einsprüche von Anrainern, Umweltvereinen oder Konkurrenten, gerichtliche Baustopps wegen Korruptionsverdacht oder infolge von Fehlern bei der Ausschreibung der Wettbewerbe durch den Auftraggeber usw. Also führen Schnellstraßen und Autobahnabschnitte ins Leere, werden Eisenbahnschienen nur zur Hälfte ersetzt, Tunnelbohrungen auf halbem Wege eingestellt, in Spitälern neue Abteilungen gebaut, aber die Operationssäle nie eingerichtet, in Schulen die Renovierungsarbeiten nach zwei Stockwerken unterbrochen. Geradezu exemplarisch ist die wechselvolle Geschichte des neuen Justizpalastes in Reggio Calabria: 2004 wurden 88 Millionen Euro für den Bau beschlossen. Bis 2012 wurde eifrig und planmäßig gebaut. Dann forderten die beauftragten Baufirmen eine Zusatzfinanzierung, weil Material- und Arbeitskosten gestiegen waren. Doch es kam zu keiner Einigung mit den Auftraggebern und dem Justizministerium, zur Einstellung der Arbeiten, zur Entlassung von Dutzenden Arbeitern, zu Neuausschreibungen, gerichtlichen Untersuchungen wegen Mafia-Verdachtes und mehreren Jahren Stillstand. 2019, also 15 Jahre nach Baubeginn, steht der zu 75 Prozent errichtete Riesenpalast noch immer leer und muss kostspielig vor dem Verfall geschützt werden – in Erwartung einer neuen Ausschreibung, denn die ursprünglich beauftragten Bauunternehmen sind in Konkurs gegangen. Viele ihrer Subunternehmen, Zulieferer und Handwerker haben unterdessen bei Gericht Entschädigungszahlungen eingefordert. Womit wir gleich zum nächsten Grundübel kommen. Die Justiz arbeitet im Schneckentempo und selbst im Falle eines gewonnenen Prozesses kann es Jahre dauern, bis der öffentliche Auftraggeber die Entschädigungen auch wirklich bezahlt.

Die schwerfälligen Mühlen der Justiz

Anfang 2019 gab das italienische Justizministerium die Zahl der offenen Gerichtsverfahren mit 4.998.452 an. Davon sind rund 1,5 Millionen Strafverfahren, 3,5 Millionen Zivilprozesse. In diese Zahlen nicht eingerechnet wurden allerdings jene offenen Fälle, die sich noch im Mediationsverfahren der 3500 Friedensrichter befinden. Deshalb sprechen angesehene Medien wie die Wirtschaftszeitung *Il Sole 24 Ore* von insgesamt 9 bis 9,5 Millionen offenen Verfahren. Zudem werden jährlich an die 7 Millionen neue Verfahren eingeleitet. Besonders dramatisch ist die Zahl der Prozesse, die aufgrund der Verjährungsfristen zu keinem definitiven Urteil kommen – rund 130.000 pro Jahr oder 350 pro Tag! Mehr als die Hälfte dieser Fälle verjähren, noch bevor die Ermittlungsverfahren abgeschlossen sind, schaffen es also gar nicht bis zum Richter. Des einen Leid, des anderen Freud – Gerechtigkeit sieht jedenfalls anders aus.

Nicht minder erschreckend sind die Wartezeiten und die Prozessdauern. Für ein Urteil in erster Instanz warten Bürger und Unternehmen im Norden im Durchschnitt 500 Tage, in Rom 1000 Tage und in Sizilien bis zu 1500 Tage oder vier Jahre. Bis ein Fall nach Berufung in der zweiten Instanz vom Höchstgericht endgültig entschieden ist, kann es acht, zehn, zwölf und mehr Jahre dauern.

Immer wieder kommt es zu skandalösen Fällen mit dramatischen Folgen für die Betroffenen. So die unglaubliche und erschütternde Geschichte eines kleinen sizilianischen Bauunternehmers. Er hatte 1993 einen Gemeindebeamten, der all seine Baustellen regelmäßig blockierte, um angeblich Schmiergeld zu kassieren, wegen Erpressung angezeigt. Nach vierjährigen Ermittlungen und Prozess wurde der Beamte zu fünf Jahren Haft verurteilt. 2006 bestätigte das Berufungsgericht in zweiter Instanz das Urteil. Doch vier Jahre später annullierte das Höchstgericht das Urteil mit folgender Begründung: „Das Urteil des Berufungsgerichts war streckenweise handgeschrieben und deshalb teilweise unleserlich, weshalb die Begründung unvollständig ist." Also zurück zum Appellationsgericht, das 2016 die früheren Urteile auf den Kopf stellte: Der Angeklagte wurde freigesprochen, der Kläger sollte sämtliche Gerichtsspesen bezahlen. Nur wenige Stunden nach der Verkündung des Urteils nahm sich der 68-jährige Kleinunternehmer nach 23 Prozessjahren durch Kopfschuss das Leben.

Eine Hauptursache für die Misere der italienischen Justiz ist die geringe Anzahl der Richter. Laut einem Bericht der EU-Kommission von 2017 kommen auf 100.000 Italiener elf Richter, insgesamt also rund 6600 und damit pro Einwohner etwa halb so viele wie in Deutschland. Aber nicht nur an Richtern mangelt es, sondern auch an Justizmitarbeitern, Sekretariatspersonal, Verwaltungsbeamten, und ebenso unterbesetzt sind die Staatsanwaltschaften. Spitzenreiter – und nach Luxemburg gleich an zweiter Stelle aller EU-Staaten – ist Italien dafür bei der Anzahl der Rechtsanwälte: 391 je 100.000 Bürger, insgesamt fast 24.000. Das sind prozentuell doppelt so viele wie in Deutschland und viermal so viele wie in Frankreich.

Zweiter Hemmschuh für effizientere Verfahren ist die mangelnde Digitalisierung im gesamten Justizbereich. Bei der Ausrüstung der Gerichte mit elektronischen Arbeitsmitteln liegt Italien auf Platz 16 der EU-Mitglieder und „e-justice" ist selbst für die interne Kommunikation weitgehend unbekannt, wobei auch hier wiederum ein bedeutendes Nord-Süd-Gefälle herrscht.

Die italienische Justiz hat jedoch noch eine andere Besonderheit, und die hat Vor- und Nachteile. Im Unterschied zu Ländern wie den USA, Großbritannien, Frankreich oder Deutschland sind in Italien nicht nur die Richter, sondern auch die Staatsanwälte vollkommen unabhängig. Die Regierung hat kein Weisungsrecht, das Justizministerium kann bei auffälligen Abweichungen von der gesetzlich vorgeschriebenen Gerichtspraxis lediglich die Untersuchung durch einen Inspektor einleiten – und selbst dann muss das Selbstverwaltungsgremium der Richter und Staatsanwälte *Consiglio Superiore della Magistratura* (CSM) einbezogen werden. Dieser „Oberste Rat der Gerichtsbarkeit" hat 24 Mitglieder, die zu zwei Dritteln von den Richtern und Staatsanwälten und zu einem Drittel vom Parlament gewählt werden. Den Vorsitz hat der Staatspräsident, der jedoch in der Regel die Amtsgeschäfte von einem Vizevorsitzenden aus dem Kreis des Rates führen lässt. Der CSM entscheidet somit über Auswahl, Berufung, Beförderung und Versetzung der Richter und Staatsanwälte sowie über allfällige Disziplinarmaßnahmen. Ähnliche Selbstverwaltungsstrukturen gelten auch für die Finanz- und Verwaltungsgerichte und sogar für die Militärgerichtsbarkeit.

Vor allem Staatsanwälte, in geringerem Ausmaß auch Richter, werden oft heftig kritisiert, vor allem von betroffenen Politikern. Sie seien zu schnell mit drastischen Untersuchungsmethoden und Anklagen zur Hand, sie würden aus Profilierungssucht, aus Karrieregründen oder aus politisch-ideologischen Gründen handeln. Legendär ist der bis heute andauernde Kampf Silvio Berlusconis gegen die Justiz, nicht zuletzt weil er als Regierungschef viele Male auf sich und seine Interessen zugeschnittene Änderungen der Strafgesetze und der Verjährungsfristen durchpeitschte. Berlusconis Kreuzzug gegen die *toghe rosse* (die „roten Roben") stieß in weiten Teilen der Bevölkerung auf Sympathie. Denn allzu oft enden in Italien von spektakulärer Medienberichterstattung begleitete Untersuchungen oder Anklagen der Staatsanwälte nach jahrelangen Prozessverfahren durch sämtliche Instanzen mit Freisprüchen – aus Mangel an Beweisen, aufgrund von Verfahrensfehlern oder durch Verjährung. Das nährt Misstrauen gegenüber der Justiz und bestärkt den Eindruck, dass vor allem die Staatsanwälte eine eigene „Agenda" verfolgen – aus politischen Gründen oder aus persönlicher Profilierungssucht.

Für Massimo Cacciari ist die absolute Unabhängigkeit der italienischen Staatsanwälte und Richter ein hohes Gut. Er benennt aber auch die Schattenseiten, nicht zuletzt aufgrund seiner eigenen Erfahrungen als Bürgermeister von Venedig:

„Bis zum Ende der Ersten Republik [Anm. LG.: 1994] waren die Beziehungen zwischen der Justiz und der Politik eng, sehr eng. Das war übel, hatte aber auch Gutes. Im Guten zeigte sich der Staatsanwalt oder Richter auch verantwortungsvoll. Wenn er etwa wegen gewisser Unregelmäßigkeiten über einen Stopp von Bauarbeiten zu entscheiden hatte, überlegte er sich auch die Folgen: Wie viele Arbeiter werden entlassen? Oder: Wird diese wichtige Straße dann jemals fertiggestellt? Er konnte seine Entscheidung auch von der sozialen Nützlichkeit abhängig machen. Diese Praxis ist abhandengekommen. Heute ist die Justiz in 90 Prozent der Fälle an den sozialen Konsequenzen ihrer Aktionen vollkommen uninteressiert. Das habe ich persönlich Dutzende Male als Bürgermeister schmerzhaft erleben müssen. Bei diesem Markt da entsprechen die Abladevorrichtungen nicht der Norm? Wird geschlossen, sofort, Punkt. Und die Leute? Sollen die keinen Fisch mehr kriegen? Und die Händler? Unerheblich. Beim Theater werden Unregelmäßigkeiten vermutet? Keine Vorstellung. Moment! Wir haben morgen Premiere, wir finden eine Lösung ... Aussichtslos. Ich glaube, es gibt kein anderes europäisches Land, in dem die Justiz bei der Anwendung der Gesetze so absolut uninteressiert an den sozialen Folgen ihres Handelns ist – im Guten und im Schlechten."

Im Schlechten bedeutet auch, dass es außer den USA wohl kaum ein westliches Land gibt, in dem so schnell und so viele gerichtliche Untersuchungen eingeleitet, Anklagen erhoben und Prozesse in die Wege geleitet werden. Ebenso auffallend ist die große Anzahl der Verfahren, die mit Freisprüchen aus Mangel an Beweisen oder wegen Verjährung enden. Im Guten gewährleistet die Unabhängigkeit der Staatsanwälte und Richter – und vor allem die große Freiheit beim Einsatz ihrer Mittel (Überwachung, Abhörung, Lauschangriff, Undercover-Agenten, Kronzeugenregelung usw.) –, dass vom kleinsten Vergehen bis zu den größten Verbrechen jeglicher Natur erstaunlich viel aufgedeckt wird, wenn oft auch erst nach langen Jahren.

Allerdings wurde im Juni 2019 just der Oberste Rat der Gerichtsbarkeit CSM selbst von einem spektakulären Skandal erfasst. Gegen mehrere Mitglieder des Selbstverwaltungsorgans laufen gerichtliche Untersuchungen wegen Amtsmissbrauch und Korruption. Sie sollen sich untereinander und mit Politikern geheim über verschiedene heikle Ernennungen von Staatsanwälten abgesprochen haben. Einmal mehr wird deshalb die Forderung laut, die Mitglieder des CSM sollten nicht mehr von ihresgleichen gewählt, sondern per Los ausgewählt werden.

Das wuchernde Dickicht der Korruption

Nachdem Korruption jeglicher Art verdeckt und geheim stattfindet, sind sämtliche mit großem Aufwand und mathematisch-wissenschaftlichem Instrumentarium angestellten Untersuchungen und deren Ergebnisse bestenfalls als Tendenz-Indikatoren anzusehen. Denn schon Bertolt Brecht wusste: „... und man siehet die im Lichte, die im Dunkeln sieht man nicht".

Eine Methode etwa zählt die aufgedeckten, angezeigten und vor Gericht gelandeten Korruptionsfälle. Demnach schwankten in Italien in den Jahren 2007 bis 2011 die zur Anzeige gebrachten Fälle zwischen 2140 und 2600 pro Jahr, also ca. 200 pro Monat. Verurteilt wurden im selben Zeitraum zwischen 670 und 880 Personen, also gut 60 pro Monat (2017 veröffentlichte Daten, riparteilfuturo.it).

Wesentlich komplexer ist die Methode von *Transparency International,* bei der offizielle statistische Zahlen, Behördenangaben, Befragungen und andere Wahrnehmungskriterien berücksichtigt werden. In den allgemein als weitgehend treffsicher anerkannten Länder-Rankings der Organisation schneidet Italien denkbar schlecht ab. Ob beim Ausmaß der Vetternwirtschaft, der Bestechlichkeit, des Amtsmissbrauchs, der Transparenz oder der Effizienz einer sauberen und modernen öffentlichen Verwaltung, Italien zählt gemeinsam mit Bulgarien und Rumänien zu den Schlusslichtern aller EU-Länder und liegt sogar hinter Griechenland, Ungarn und der Slowakei.

„Fatta la legge, trovato l'inganno" („Gesetz beschlossen, Hintertür gefunden"): Dieses populäre Sprichwort – je nach Kontext als anklagende Kritik, als reine Feststellung oder als augenzwinkernde Einladung zur Komplizenschaft verwendet – charakterisiert das Verhältnis des Individuums zum Staat, zu den Behörden und zur *res publica* allgemein weit stärker als in anderen Staaten. Laut einer vom Nationalen Institut für Statistik ISTAT durchgeführten Erhebung finden es knapp 30 Prozent der Befragten akzeptabel, einen Job durch „Empfehlung" zu erhalten, und ebenso viele finden es tolerabel, keine Steuern zu bezahlen. Fast die Hälfte der Befragten würde Schwarzarbeit annehmen oder anbieten und der Nichtausstellung einer Quittung oder Rechnung bei Geschäften zustimmen. Ein Viertel der Befragten betrachtet Korruption als etwas Natürliches, Unumgängliches, 60 Prozent halten es für gefährlich, Korruption anzuzeigen, und ein Drittel hält Anzeigen für un-

nütz. Aber wen wundert's, hat doch Silvio Berlusconi während seiner viermaligen Amtszeit als Regierungschef im Fernsehen wiederholt betont: „Ich habe vollkommenes Verständnis für Bürger, die keine Steuern zahlen wollen. Solange der Staat so schlecht funktioniert, ist das verständlich." Brüsseler Beamte wiederum erzählen amüsiert, wie Berlusconi seine europäischen Regierungskollegen angesichts der enormen Staatsschulden und der schwachen Wirtschaftsleistung seines Landes zu beruhigen versuchte. Man brauche sich nicht zu sorgen, die Lage sei wesentlich besser, als durch die offiziellen Daten ausgewiesen – schließlich erwirtschafte Italien fast 40 Prozent seiner Leistung schwarz.

Korruption: Von den kleinen Gefälligkeiten zu den fetten Schmiergeldern

Zu einem beträchtlichen Teil besteht die wuchernde Alltagskorruption aus einer Mischung von Gefälligkeiten, Gewährung von Vorteilen, Abkürzung von Amtswegen, Umgehung von Vorschriften, Erlass von Strafen wegen Falschparkens, Beschleunigung von Dienstleistungen bis hin zur Verschaffung günstiger Geschäftsbedingungen. Der „Helfer" kann öffentlicher Beamter sein oder einfach in guter Position bei der Bank, beim Finanzamt, bei der Sozialversicherung, im Krankenhaus oder beim Elektrizitätswerk. Ebenso variabel können die Gegenleistungen des bittstellenden Bürgers ausfallen. Muss der Reisepass dringend erneuert werden? Da kennt ein Onkel oder ein Cousin sicher einen *Maresciallo* beim Passamt, dem man die besten Grüße der Familie und zwei Flaschen edlen Weins überbringt. Er wird für die Notsituation Verständnis zeigen und ausnahmsweise den zu erneuernden Pass aus dem angewachsenen Stapel am Schreibtisch des Kollegen von ganz unten nach ganz oben zaubern. Ist das schon Korruption? Wurde der Gesellschaft Schaden zugefügt? Wohl kaum, wenn es dabei bliebe. Aber der *Maresciallo* wird dann möglicherweise sein Auto zur Reparatur in die Werkstatt des Vaters bringen, weil ebenso ein dringender Notfall vorliegt – und wenn's ohne Rechnung ginge … Wie die täglichen Chronik- und Gerichtsberichte zeigen, steigert sich diese Praxis schnell zum allgemeinen, lukrativen Korruptionssystem.

So wurden im Januar 2019 vier Beamte der Direktion für Bauarbeiten der römischen Stadtverwaltung unter Hausarrest gestellt und gegen neun Architekten, Ingenieure und Geometer wurde ein einjähriges Berufsverbot verfügt. Sie hatten über einen langen Zeitraum in gegenseitiger Abstimmung für rasche Ausstellung aufwändiger Kopien von amtlichen Dokumenten (Kataster, Baupläne, Umweltprüfungsbescheide, Baugrundklassifizierungen usw.) gesorgt und dafür beträchtliche Summen Schmiergeld kassiert. Bezahlt haben die Abnehmer, weil der normale Amtsweg mehrere Wochen, in komplizierten Fällen sogar Monate gedauert hätte.

In Genua wiederum hat die für Betrugsbekämpfung im Gesundheitsbereich zuständige Carabinieri-Abteilung 2018 gegen 2300 Personen Untersuchungen eingeleitet. Mindestens 600 Angestellte des Hospitals San Martino werden beschuldigt, zwei Jahre lang bei sämtlichen Laboranalysen (Blutbefunde und Ähnliches) für sich, ihre Familienangehörigen und für Freunde die Bezahlung des Selbstbehaltes umgangen zu haben. Zur Vermeidung des Selbstbehaltes wurden die jeweiligen Patienten schlicht und einfach als stationär hospitalisiert eingetragen, weil in diesem Fall die Untersuchungen kostenlos sind.

Wenn auch nicht entschuldbar, so doch erklärbarer werden solche Praktiken, wenn man auch nur Teile der fast zeitgleich veröffentlichten Berichte über die unfassbaren Missstände im italienischen Gesundheitswesen – der *malasanità* – liest. Beispiel Wartezeiten: 75 Prozent der Patienten entscheiden sich regelmäßig für das gesetzlich geregelte *intramoenia*-System bei Untersuchungen und Behandlungen, um wochenlange und oft monatelange Wartezeiten zu umgehen. *Intramoenia* (lateinisch „innerhalb der Mauern") bedeutet, dass die Spitalsärzte außerhalb ihrer regulären Dienstzeit im Krankenhaus als Privatärzte ordinieren und sich dafür bezahlen lassen. 47 Prozent der Ärzte bieten solcherart ihre Dienste an. Für die Verwendung der Spitalsinfrastruktur zahlen sie 6,5 Prozent ihrer Einnahmen an das Krankenhaus. Der Vorteil für die Patienten: Die Wartezeiten reduzieren sich mindestens auf die Hälfte, die freie Arztwahl und die bezahlten Honorare und Spesen können von der Steuer abgesetzt werden. Jährlicher Umsatz dieser privaten Medizinleistungen im öffentlichen Krankenhaus: mehr als eine Milliarde Euro pro Jahr.

Über die Vor- und Nachteile dieser Regelung gibt es kontroverse Debatten. Allgemeine Übereinstimmung herrscht jedoch beim Befund, dass das gesamte Gesundheitswesen im Argen liegt. Baufällige Spitäler, veraltete Ausstattung, bürokratisch-chaotische Verwaltung, Korruption bei der Vergabe von Bau- und Renovierungsarbeiten und extremer Ärztemangel. Von allen ihre Heimat verlassenden und ins Ausland gehenden Ärzten innerhalb der EU kommt jeder zweite aus Italien. Deshalb wirbt Italien jetzt verstärkt Ärzte aus ärmeren EU-Ländern wie Rumänien ab und ruft pensionierte Ärzte in den Dienst zurück.

An der Universitätsklinik Careggi von Florenz wurden hingegen 16 leitende Ärzte und Professoren vorübergehend mit Arbeits- und Unterrichtsverbot belegt. Auch hier soll es ein abgekartetes Spiel zur Vergabe von Posten durch gezinkte Ausschreibungen und verzerrte Wettbewerbe gegeben haben. Die Angelegenheit verspricht jahrelange Prozessverfahren.

Für zusätzliche Empörung der unter überfüllten Ambulatorien, langen Wartezeiten und heruntergekommenen Krankenhäusern leidenden Bürger sorgen dann noch unglaubliche Berichte über die teilweise herrschende Arbeitsmoral im

Gesundheitswesen. Im kalabresischen 30.000-Einwohner-Städtchen Vibo Valentia etwa wurden 2018 insgesamt 20 Ärzte, Krankenpfleger und Assistenten wegen Betrugs und Datenfälschung bezüglich ihrer Arbeitszeit angezeigt. Die Carabinieri hatten anhand von Überwachungsvideos nachgewiesen, dass die Spitalsbediensteten regelmäßig während ihrer Arbeitszeit das Haus verließen, um in Restaurants ausgiebig zu speisen oder Einkäufe im Supermarkt und anderen Geschäften zu erledigen. In Caserta nördlich von Neapel herrschen noch lockerere Sitten. Im dortigen Krankenhaus San Rocco di Sessa Aurunca nahm der *assenteismo* (Arbeitschwänzen) derartige Ausmaße an, dass die Carabinieri zwei Jahre lang die Aktivitäten mittels Telefonabhörung und zusätzlich installierten Videokameras überwachten. 28 Ärzte, Krankenpfleger und Verwaltungsbedienstete wurden angezeigt. Praktisch täglich blieben etliche von ihnen der Arbeit teilweise oder ganz fern. Kollegen erledigten für sie die An- und Abmeldung per Stechkarte oder Badge. Manche wurden auch gefilmt, wie sie nach ihrer elektronischen Dienstantrittsmeldung das Krankenhaus durch einen Hinterausgang oder die Garage wieder verließen – für den Rest des Tages. In zwei Fällen wurden die Anmeldungen für Kollegen erledigt, die sich auf Urlaub im Ausland befanden. In Erwartung rechtlicher und disziplinärer Konsequenzen müssen sich die Angeklagten nun täglich vor Dienstbeginn und nach Dienstende beim nahe gelegenen Polizeikommissariat melden und ihre Anwesenheit durch Unterschrift bestätigen. Weil dieser *assenteismo* landesweit omnipräsent ist, hat die Regierung ein Gesetz in Vorbereitung, wonach für alle öffentlich Bediensteten künftig die An- und Abmeldung zur Arbeit per elektronischem Scannen der Fingerabdrücke erfolgen soll.

Zu Jahresbeginn 2019 befanden sich die Sanitätsbehörden von 7 der 20 Regionen Italiens in einem von der römischen Regierung verordneten und überwachten Sanierungsprogramm. Vier von ihnen – Kalabrien, Kampanien, Latium und Molise –

werden überhaupt kommissarisch von Rom aus geleitet. Und die Gouverneurin der Region Umbrien musste zurücktreten, weil gegen sie gerichtliche Untersuchungen im Zusammenhang mit unlauteren Wettbewerben und Personaleinstellungen eingeleitet wurden.

Es mag überraschend klingen, aber die Erklärung der tieferen Ursachen für die grassierende Korruption fällt unabhängig von der Positionierung im politischen Spektrum sehr ähnlich aus. Schuld ist die Bürokratie, das Versagen des Staates, erregt sich der weit rechts angesiedelte Chefredakteur des Wochenmagazins *Panorama*, Maurizio Belpietro, im Laufe unseres Interviews in Mailand: „Wir sind ein reiches Land, wir sind ein Land, das Intelligenz hervorbringt und Reichtum produziert. Aber das wirkliche Drama ist unsere Selbstknebelung. Wir haben einen Käfig gebaut, mit dem wir uns das Leben komplizieren. Nehmen wir nur das Beispiel unserer Weinproduktion. Im Unterschied zu früher produzieren die italienischen Winzer mittlerweile anerkannte Qualitätsweine und exportieren sie in die ganze Welt. Ich weiß nicht, wie das in Österreich ist, aber bei uns erschwert der Staat den Winzern das Leben auf absurde Weise. Da werden ja nicht chemische Waren hergestellt! Wenn Sie eine Flasche Wein auf den Boden schütten, wird ja nichts verseucht – und trotzdem überwachen ganze 36 Behörden die Weinproduktion, sechsunddreißig! Das ist nur ein Beispiel von Tausenden. Der Staat erschwert, behindert, knebelt jede wirtschaftliche Aktivität. Zugleich lässt er der Korruption großen Spielraum. Denn wenn ich auf dem regulären Weg nichts erreiche, muss ich den Umweg gehen. Wenn ich als privater Unternehmer einen öffentlichen Bauauftrag erhalte, schon große Geldsummen investiert habe und auf halbem Weg blockiert werde, weil die nötigen Zertifikate, Genehmigungen und Finanzmittel nicht freigegeben werden, stehe ich vor dem Bankrott. Was mache ich also? Ich zahle. Ich zahle, um nicht bankrott zu gehen."

Was tun? Für den dezidiert wirtschaftsliberalen Meinungs-macher liegt die Antwort auf der Hand: weniger Kontrollen, effizientere Verwaltung und weniger Staat, mehr privat.

Obwohl in der Diagnose des Übels weitgehend übereinstimmend, fordert der linke Philosoph und Ex-Bürgermeister von Venedig Massimo Cacciari eine radikale Reform von Gesetzgebung, Verwaltung und Justiz. „Ich habe es schon tausend Mal gesagt: Das Problem sind nicht die Korrupten, die gibt es überall. In Italien ist das System nicht nur *corrotto* (korrupt), es ist *rotto* (kaputt)! Wenn das gesamte System der Verwaltung und des Staatsapparates kaputt ist, blüht in den Klüften und Schwachstellen des Systems die Korruption. Das ist unvermeidbar. Wenn man bei uns zehn Jahre braucht, um die Genehmigung zur Renovierung einer Toilette zu erhalten, dann wende ich mich mit einem Geldbündel an den korrupten Beamten. Diesen korrupten Beamten gibt es aber nur deshalb, weil mir das kaputte System nicht erlaubt, auf normalem Weg zu meinem Recht zu kommen. Das macht 90 Prozent der kleinen, diffusen Alltagskorruption aus. Und dann gibt es natürlich die Korruption in großem Stil. Das sind die großen Schmiergelder, die für den arabischen Ölscheich bei Geschäftsabschluss gezahlt werden oder für den Erhalt bedeutender öffentlicher Aufträge. Da sind wir aber im Bereich der großen Kriminalität, der Bestechung in Wirtschaft und Politik. Die gibt es in allen Staaten, wobei in Italien sogar verhältnismäßig mehr aufgedeckt wird. Aber zur Bekämpfung der wuchernden, systematischen Alltagskorruption braucht es das, was sämtliche Experten seit Jahren predigen und fordern: weniger Gesetze, einheitliche Normen, Vereinfachung der Bestimmungen, Entrümpelung des Vorschriftenwustes, vereinfachen, vereinfachen, vereinfachen! Nur so erreicht man Veränderung!"

Dass die Anzahl der von Polizei und Staatsanwälten untersuchten, angezeigten und vor Gericht gebrachten Korruptionsfälle in Italien ungleich höher ist als in vergleichbaren Staaten, ist unbestritten. Erschreckend ist dabei jedoch, wie sehr die Korruption in sämtlichen Bereichen des Staates und der Politik tägliche Praxis ist. Da handelt es sich nicht mehr um den mehr oder weniger bestechlichen Beamten, der sich durch „Gefälligkeiten" einen Zuverdienst sichert. Nein, es geht um die gewählten Volksvertreter von der Kommune bis in die Regierung, die sich dadurch bereichern und gleichzeitig ihre Macht absichern.

Compravoto – der Stimmenkauf bei Wahlen

Seit es in Italien freie Wahlen gibt, haben Politiker und Parteien erfindungsreich Methoden entwickelt, sich Wählerstimmen nicht nur durch Versprechungen, sondern durch ganz konkrete Gegenleistungen zu sichern. Beschaffung eines Arbeitsplatzes (meist im öffentlichen Dienst), einer Sozialwohnung, die Baugenehmigung für den illegal ausgebauten dritten Stock, die Lizenz für ein Geschäft, Genehmigungen und Gelder für den Bau von Straßen, Schulen, Kindergärten ... alles war zu haben, wenn sich die Menschen des jeweiligen Straßenzuges, Stadtteils oder Wahlsprengels bei ihrer Stimmabgabe als „treu" genug erwiesen. Überprüft wurde und wird das durch das Netz der Wahlhelfer und Stimmenzähler, auf dem Land durch den Sippenältesten. Besonders effizient und wirksam bei diesem *compravoto* oder *voto di scambio* ist natürlich seit jeher die Mafia. Legendär sind die „halben Geldscheine". Der zu bindende Wähler bekam die eine Hälfte des in der Mitte durchtrennten Scheins vor der Wahl und die zweite bei Erreichen des gewünschten Wahlausgangs. Womit der Politiker neben einer Stimme gleich auch noch einen am entsprechenden Wahlausgang persönlich interessierten und aktiven Wahlhelfer gewonnen hatte. Schnee von gestern? Nein.

Erst Ende März 2019 wurden vier Personen wegen Wahlbetrugs verhaftet, acht weitere unter Hausarrest gestellt, in Torre del Greco, südlich von Neapel, ein Ort mit 85.000 Einwohnern. Die Wähler aus vorwiegend armen Vierteln waren mit Mopeds zum Wahllokal gefahren worden und hatten ein Handy erhalten, mit dem sie zum Beweis den ausgefüllten Wahlzettel fotografieren mussten. Die Belohnung konnte mager ausfallen – 10 bis 15 Euro, eine Stange Zigaretten vom Schwarzmarkt oder ein Paket mit Lebensmitteln. Für einige wenige reichte es gar zu einem Job für ein paar Monate bei einer Müllabfuhrfirma, und zwar im Rahmen des lokalen Sozialprogramms „Garantie für Jugendliche". Dass es sich dabei um keinen Einzelfall handelt, stellten die Carabinieri bei der Durchsicht der Telefonabhörprotokolle fest. Und bei den Verhören der Festgenommenen verteidigten sich diese: „Wir tun nur, was die anderen auch machen. Es gibt ja sieben Gruppen, die Wähler zu den Urnen fahren." Namen nannten sie natürlich keine. Auch 2019 herrscht noch immer die *omertà*, die absolute Verschwiegenheit, aus Angst.

Die fetten Fische

Wie schon ausführlich geschildert, hat die Aufdeckung der kolossalen und generalisierten Korruption in Wirtschaft, Staat und Politik Anfang der 1990er-Jahre – *Mani pulite* und *Tangentopoli* genannt – die allmächtige Staatspartei *Democrazia Cristiana* und ihre Satelliten zur Implosion gebracht und die Erste Republik beendet. Doch damit war mit dem Kapitel Korruption in Italien mitnichten Schluss.

Ein Staatsanwalt, ein Richter und ein Polizeiinspektor in Haft, Berufsverbot für zwei Rechtsanwälte, weitere zehn Personen, meist Unternehmer, auf freiem Fuß angeklagt, Geld und Wertsachen in der Höhe von zwei Millionen Euro beschlagnahmt: Ihre kriminelle Karriere haben der Staatsanwalt Michele Nardi und der Richter Antonio Savasta in einem Vorort von Bari begonnen und nach entsprechenden Beförderungen in Rom fortgesetzt. Allein für die Jahre 2014 bis 2018 sind die Anklagen beeindruckend. Zu Beginn nahmen sie *mazzette* (Geldbündel) zwischen 5000 und 20.000 Euro, dann kamen die Rolex-Uhren, Diamanten, Urlaube in Dubai, die restaurierte Wohnung in der Hauptstadt und immer wieder viel Bargeld. Unter Mithilfe des Polizeiinspektors und befreundeter Anwälte halfen sie in Schwierigkeiten geratenen Geschäftsleuten und Unternehmern. Untersuchungen wegen gefälschter Rechnungen und Steuerhinterziehung? Laufende Gerichtsverfahren wegen Betruges? „Werden wir schon richten", lautete das gängige Versprechen. Es gab Informationen über den Stand von Untersuchungen, rechtzeitige Warnungen vor Buchhaltungsprüfungen, Unterlassung von Vertiefung gerichtlicher Nachforschungen und immer wieder Versuche, durch Beziehungen die Justizaffären im Sinne der Angeklagten zu beeinflussen. Wie erfolgreich sie dabei wirklich waren, werden die Gerichte feststellen – vermutlich in ferner Zukunft.

Und zum Beweis, dass die mit dem kometenhaften Aufstieg Silvio Berlusconis eingeläutete Zweite Republik die alten Übel keineswegs hinter sich gelassen hat, sei noch das vorerst letzte spektakuläre Kapitel vom Frühjahr 2019 erwähnt.

Nach langen Prozessjahren wurde der 72-jährige Roberto Formigoni in letzter Instanz und damit definitiv zu fünf Jahren und zehn Monaten Haft verurteilt und ging – mit drei Rucksäcken voll Büchern ausgerüstet – ins Gefängnis. Seit den 1970er-Jahren politisch aktiv, wurde der als fromm geltende Mann schon wenige Jahre später erfolgreicher Abgeordneter der *Democrazia Cristiana*. Als einer der prominentesten Unterstützer der sehr konservativen, aber modern-militanten Laienorganisation *Comunione e Liberazione* war Formigoni Exponent des katholischen Flügels der DC. Seine Freunde und Anhänger nannten ihn den *celeste*, den Himmlischen. Den philosophisch gebildeten, rhetorisch geschulten und gut aus-

sehenden Karrierepolitiker hinderte seine gerne zur Schau getragene Spiritualität und Moral allerdings nicht, nach dem Zusammenbruch seiner Partei zur Berlusconi-Partei zu wechseln.
Das eröffnete ihm den Weg auf den Sessel des Gouverneurs der
reichsten Region des Landes, der Lombardei, und verwandelte den *celeste* zusehends in einen mondänen Lebemann. Als
sichtbarstes Wahrzeichen seiner achtjährigen Amtszeit und
der von vielen kritisierten Gigantomanie Formigonis gilt der
mit 161 Metern vierthöchste Wolkenkratzer Italiens, der Palazzo Lombardia, Sitz der Regionalverwaltung in Mailand. Zu
Fall und ins Gefängnis gebracht haben Formigoni unlautere
Zuwendungen öffentlicher Gelder in dreistelliger Millionen-
höhe an zwei Privatkrankenhäuser – und die dabei selbst kas-
sierten sechs Millionen Euro „Provision".

Und die Mafia?

Ja, die Mafia, ihre kalabresische Variante 'Ndrangheta und die
neapolitanische Camorra sind lebendiger, mächtiger, reicher
und grausamer als je zuvor. Lebendiger, mächtiger und reicher, weil sie ihr Netzwerk nicht nur auf das ganze Land und
sogar international ausgeweitet haben. Sie haben auch ihre
Geschäftsfelder den modernen Zeiten angepasst, ohne das alte
„Stammbusiness" aufzugeben oder zu vernachlässigen. Sie
kontrollieren nach wie vor Straßenzüge, Stadtteile, Dörfer und
ganze Kleinstädte. Der *pizzo*, das Schutzgeld, wird noch immer
vom Gemüsehändler, Jeansverkäufer, Restaurantbesitzer oder
Apotheker eingehoben. Im Drogenhandel sind die „Italiener"
auch international wieder in vorderster Reihe, sagen Polizei
und Behörden. Aber längst werden die jährlich „erwirtschafte-
ten" Milliarden höchst professionell in Immobilien und lukra-
tive Finanzbeteiligungen von Briefkastenfirmen, also letztlich
an der Börse, investiert. Blutiger und grausamer sind die Be-

strafungen der zahlungsunwilligen Erpressungsopfer geworden, aber auch die Revierkämpfe der immer jünger und brutaler werdenden Mafia-Clans. Der italienische Staat – Polizei und Gerichte – führen einen unermüdlichen Kampf gegen das organisierte Verbrechen. Die Meldungen über Verhaftungen, Prozesse, Beschlagnahmung von Immobilien und Vermögen findet man in den Medien fast so häufig wie jene über spektakuläre Verkehrsunfälle. Aber mit dem Kampf gegen die Mafia verhält es sich wie mit dem Pilze-Sammeln: Der Pilz, den wir pflücken, ist nur die sichtbare Frucht, das Hauptgewächs ist das unterirdische Myzel. Und dieses sorgt für ständigen Nachwuchs. Aber das wäre eine andere Geschichte.

Die *Casta*:
Politikerprivilegien ohne Ende

In kaum einem anderen Land ist das Verhältnis der Bürger zu den von ihnen gewählten Volksvertretern so zerrüttet und ambivalent zugleich. Einerseits genießen die Senatoren und die Deputierten, ob zum römischen oder zu einem regionalen Parlament, dank ihres Amtes nach wie vor Ansehen, Autorität und jene Aura, die Einfluss und Macht verströmen. Schon nur einen Verwandten, einen Freund oder einen Assistenten des *senatore* zu kennen, lässt man seine Umgebung gern wissen. Denn ein Draht zum Politiker, wenn auch über drei Ecken, kann bei unzähligen Anliegen von Nutzen sein. Auch bei öffentlichen Auftritten der Auserwählten wird ihre Nähe gerade in unseren Zeiten der Selfie-Manie gerne gesucht. Andererseits ist der Spruch *„tutti uguali, tutti corrotti"* („alle gleich, alle korrupt") in aller Munde, ob an der Schank in der Bar, beim gesetzten Abendessen in nobler Gesellschaft oder am Arbeitsplatz. Im besten Fall werden die Politiker jener Partei, für die man bei den letzten Wahlen gestimmt hat, milder bewertet oder als eingezwängte Opfer des Systems entschuldigt – eine zwiespältige Hassliebe bleibt es trotzdem. Kein Wunder also, dass von Silvio Berlusconi über Matteo Renzi, Beppe Grillo und seine Grillini und natürlich bis Matteo Salvini sich allesamt als Nichtpolitiker, als „einfache Bürger wie du und ich", als dem „Volk" nahe stehend geben und als Feinde der Eliten und der Kaste radikale Reformen des Systems und den Abbau der Privilegien auf ihre Fahnen geschrieben haben.

Von den Gemeinden bis hinauf zum Staatspräsidenten hat Italien knapp 160.000 gewählte Politiker. Den Steuerzahler kosten sie an die 10 Milliarden Euro pro Jahr. Gemessen an den mehr als 2300 Milliarden Staatsschulden ein vertretbarer Betrag, wenn die ökonomische und politische Unabhängigkeit der Mandatare – und damit deren Amtsausübung im Interesse der Bürger und des Landes – gewährleistet wird, sagen Kritiker des täglichen Politiker-Bashings.

Im Parlament sitzen derzeit noch 630 Deputierte der Abgeordnetenkammer und 321 Senatoren (davon sechs auf Lebenszeit ernannte). Der Versuch Matteo Renzis, durch eine Verfassungsreform den Senat in eine Kammer der Regionalvertreter, die ohnehin schon ein Gehalt beziehen, umzuwandeln, fiel beim diesbezüglichen Referendum durch. Jetzt wollen *Lega* und *Movimento 5 Stelle* die Zahl der römischen Parlamentarier um ein Drittel von 951 auf 600 reduzieren. Ob sie dafür im Parlament die entsprechende Mehrheit erhalten, bleibt ungewiss. Reformiert wurde nach der Ära Berlusconi 2012 und erneut unter der derzeitigen Regierung auf Druck der *5 Sterne* die Rentenregelung mit empfindlichen Kürzungen der Ansprüche für pensionierte Parlamentarier. Eine weitere Forderung der Grillini ist eine Kürzung der Gehälter und Zulagen.

Derzeit erhält jeder *deputato* monatlich 5346,54 Euro netto Gehalt (140.436 brutto im Jahr) plus monatlich 3503 Euro Taggeld und 3690 Euro für Spesen, die auch einen persönlichen Assistenten inkludieren. Außerdem werden alle drei Monate bis zu 3995 Euro für Transportspesen und monatlich 100 Euro für Telefon ausbezahlt, wobei für diese Spesenzuschläge keine Belege erforderlich sind. Kommt der Abgeordnete also pro Monat auf 13.971 Euro, so summieren sich die ähnlich gestalteten Bezüge der Senatoren auf 14.635 Euro monatlich.

Im Vergleich dazu verdient ein Abgeordneter zum österreichischen Nationalrat etwa halb so viel, nämlich ca. 5000 Euro netto im Monat Grundgehalt (125.034 brutto im Jahr), aber nur 515 Euro pro Monat für Spesen mit Beleg und 4291 Euro für persönliche Mitarbeiter. In Deutschland erhält ein Abgeordneter zum Bundestag zwar etwas weniger Grundgehalt als seine österreichischen Kollegen (114.504 Euro brutto im Jahr), allerdings ein Vielfaches an Spesenvergütung (4318 Euro), vor allem für seinen Mitarbeiterstab (20.670 Euro monatlich).

So weit die offiziellen Zahlen. Seit Langem von den verschiedensten Kritikern bis hin zum Rechnungshof beanstandet werden indes die zahlreichen halboffiziellen und oft immateriellen Privilegien der Politiker Italiens sowie deren absolut intransparente Gebarung. So haben Medienrecherchen ergeben, dass in vergangenen Legislaturperioden auf 630 *deputati* der Abgeordnetenkammer lediglich 200 bis 250 *portaborse* (Taschenträger), also persönliche Assistenten, gemeldet waren. Viele wurden jahrelang schwarz bezahlt (das hat spürbar abgenommen), haben schlecht bezahlte Zeitverträge, oder mehrere Abgeordnete teilen sich einen Ganztagsmitarbeiter, kassieren aber die volle Zulage.

Mit einer speziellen Card reisen Parlamentarier zudem gratis, ob in der ersten Klasse mit der Bahn, im Flugzeug, per Schiff oder auf der Autobahn. Auch für die Verwendung des eigenen Pkw gibt es großzügigen Spesenersatz, und zahlreiche Flughäfen halten für Politiker Parkplätze reserviert – kostenlos oder zu äußerst niedrigen Symbolpreisen. Im Fall von Strafmandaten für Falschparken oder Geschwindigkeitsübertretungen können sich die Parlamentarier an ein eigenes Servicebüro (*centro servizi*) wenden, das die Strafen beeinsprucht, sofern ein dringliches Dienstmotiv für den Verstoß gegen die Verkehrsordnung angegeben werden kann.

Bevorzugt und verwöhnt werden die Volksvertreter auch beim Kauf eines Wagens. Ob Fiat, Renault oder Mercedes – die meisten Autohersteller bieten den *onorevoli* (offizieller Titel der Abgeordneten, zu Deutsch „die Ehrbaren") und Senatoren Rabatte bis zu 25 Prozent. Besonders günstige Top-Business-Abonnements für ihre Smartphones erhalten sie wiederum von der Telecom. Und selbst bei Krediten und Konten gewährt die Filiale des Banco di Napoli im Abgeordnetenhaus den prominenten Kunden besonders günstige Bedingungen.

Mit einem Spezialausweis des CONI, des Dachverbandes der italienischen Sportvereine, ist den Gesetzgebern aus dem ganzen Land nicht nur der Gratiszutritt zu sämtlichen Sportveranstaltungen – ob Fußball, Formel 1, Tennis oder Eishockey – garantiert, sondern auch ein Platz auf den VIP-Tribünen. Freikarten oder zumindest stark preisreduzierte Tickets in allen Theatern, Opernhäusern, Konzerthallen und Museen verstehen sich von selbst, und je nach Region werden noch immer Arbeitsessen vergütet.

Eine spürbare Korrektur wurde 2012 bei den skandalumwitterten Preisen in den Restaurants des römischen Abgeordnetenhauses und Senats beschlossen. Servierten früher die livrierten Kellner um 15 Euro köstliche drei Gänge auf Michelin-Sterne-Niveau, so müssen die Parlamentarier mittlerweile dafür fast das Dreifache berappen. Obwohl angesichts der gebotenen Speisen noch immer sehr günstig, haben die neuen Preise zu einer spürbaren Abwanderung der Volksvertreter in die zahlreichen *trattorie* und Restaurants rund um das Parlament und zur Entlassung von Kellnern und Küchenpersonal in den hohen Häusern geführt. Weiterhin sehr gefragt bleiben hingegen die Dienste der hauseigenen Friseure und Coiffeusen, der Abteilungen für Massage und Physiotherapie und das schon erwähnte „Servicebüro" für alle möglichen Dienste und Gefälligkeiten.

Auto blu

Von allen Vorzügen und Privilegien, die viele Politiker, hohe Beamte und Staatsfunktionäre genießen, ist eines das sichtbarste, der Dienstwagen. *Le auto blu*, die „Blauwagen", und jene, die darin chauffiert werden, lösen seit vielen Jahren bei den Bürgern Gefühle zwischen verhohlener Verehrung, gereizter Empörung bis hin zu lautstarkem Protest aus – besonders dann, wenn sich die dunkelblaue Limousine mit getönten Fenstern, von Motorradpolizisten und Sirenengeheul begleitet, durch den Stoßverkehr zwängt oder auf dem Pannenstreifen der Autobahn vorbeibraust. Oder wenn eine der immer blank polierten Karossen auch ohne Chauffeur, aber am Nummernschild sofort identifizierbar, im Parkverbot steht, stundenlang. Und zudem gibt es ja nicht nur die blauen *auto blu*, je nach Behörde gibt es rote (Feuerwehr), erbsengrüne (Militär und Finanzpolizei), weiße oder vanillefarbene (Sanität) Limousinen, für leitende Funktionäre, versteht sich. Bürgermeister in den Kommunen, Vertreter der Provinz- und Regionalverwaltungen sowie der Steuerbehörden, hohe Polizeikommandanten, Regierungskommissare und Präfekten, aber auch die Direktoren von staatlichen Universitäten und Museen sowie der Sanitätsverwaltung und viele mehr haben Anrecht auf einen Dienstwagen – mit eigenem Chauffeur allerdings nur rund zehn Prozent, eben die Privilegierten unter den Privilegierten.

Der bisher jüngste Aufschrei in Sachen *auto blu* erfolgte im Frühjahr 2018. Durch Indiskretionen wurde öffentlich, dass der Verfassungsrichter Nicolò Zanon seinen Dienstwagen samt Chauffeur regelmäßig seiner Gattin überließ, Benzingutscheine und Autobahn-Mautkarte inklusive. Wegen Veruntreuung öffentlicher Gelder angezeigt, ließ sich der Richter suspendieren, nachdem seine Kollegen am Gerichtshof seinen Rücktritt abgelehnt hatten. Mittlerweile ist Zanon wieder im Amt und reingewaschen. Es stellte sich nämlich heraus, dass die Verordnung aus dem Jahr 1979, wonach es den hohen Richtern erlaubt ist, ihren Dienstwagen auch „Vertrauenspersonen zu überlassen", erst im März 2018 abgeändert worden und noch nicht in Kraft getreten war. Zutage kam im Zuge der Affäre jedoch gleich der nächste Skandal. Denn den 15 Verfassungsrichtern stehen ganze 22 Chauffeure und 21 *auto blu* zur Verfügung. Eines davon dient ausschließlich dem Präsidenten des Verfassungsgerichts bei Staatszeremonien, drei sind für Fahrten außerhalb

Roms reserviert und ein Wagen bleibt „in Reserve". Der Betrieb des Wagenparks und die Personalkosten wurden auf 1,6 Millionen Euro im Jahr berechnet. Und ganz nebenbei erfuhren die Bürger bei dieser Gelegenheit auch, dass jeder der 15 Verfassungsrichter ein Jahres-Bruttogehalt von 360.000 Euro bezieht, also 1000 Euro pro Tag.

Über die Anzahl der landesweit rollenden Dienstwagen zirkulierten seit Jahren selbst in seriösen und angesehenen italienischen Medien horrende Berichte. Da war von 200.000, 300.000, ja sogar 650.000 *auto blu* die Rede. Bei der ersten einigermaßen glaubhaften Zählung durch die Behörden im Jahr 2014 kam man immerhin auf mehr als 60.000. Zwei Jahre später wurden plötzlich nur mehr 20.000 vermeldet. Diese magische Verminderung hatte stattgefunden, allerdings nur auf dem Papier. Bei der Erfassung der öffentlichen Vierräder wurden nämlich sämtliche Fahrzeuge ausgeklammert, die für wichtige Dienste eingesetzt werden: Verteidigung, Kontrolle der Straßeninstandhaltung, Verhinderung von Lebensmittelkriminalität, soziale und Gesundheits-Dienste usw. Die jüngste amtliche Erhebung ergab für 2017 einen Fuhrpark von 29.195 „wirklichen" *auto blu*, davon zehn Prozent mit Chauffeur. Ein Problem, man ist versucht zu sagen, ein typisch italienisches Problem, bleibt bestehen. Von den rund 10.000 Ämtern, Behörden und anderen Dienstwagenberechtigten haben 3280, also 32,3 Prozent, bei der landesweiten Erhebung keine Angaben gemacht, sind die Informationen einfach schuldig geblieben.

Besonderen Tatendrang und innovative Modernität wollte dann Matteo Renzi unter Beweis stellen, auch in Sachen *auto blu*. Medienwirksam verkündete er, die Regierung würde jetzt die teuersten Staatskarossen auf der Internetplattform ebay versteigern – und betonte sarkastisch, „besonders die Maseratis von La Russa!". Und den Italienern fielen in Sachen *auto blu* wieder einmal die Schuppen von den Augen, als sie auf ihrem Computer oder Handy die Liste der zur Versteigerung angebotenen Luxus-Limousinen sahen. Da hatte der neofaschistische Ignazio La Russa als Verteidigungsminister unter Berlusconi wirklich sieben Maserati anschaffen lassen. Aus den anderen Ministerien kamen teils alte, aber auch sehr viele hochkarätige Wagen von Lancia, Alfa Romeo, BMW, Audi und Volvo unter den digitalen Hammer.

Der *trasformismo* und die Wendehälse

Neben den Privilegien und der nachweislich weit verbreiteten Vetternwirtschaft und Korruption hat ein weiteres in Europa wohl einzigartiges Phänomen den Ruf der Politiker nachhaltig beschädigt: der *trasformismo*. Ursprünglich wurde damit eine politische Praxis bezeichnet, die zwei Jahrzehnte nach der 1861 erfolgten Einigung Italiens im Parlament der konstitutionellen Monarchie etabliert und bis zur Machtübernahme Benito Mussolinis fortgeführt wurde. Im Wesentlichen handelte es sich um die Zusammenarbeit der linksliberalen Kräfte mit den betont konservativen Rechtsliberalen, um gemeinsam vor allem die radikalen Sozialisten, aber auch rechte Verfassungsfeinde zu neutralisieren. So entstand ein gemäßigter zentristischer Block, der durch permanentes Jonglieren und taktisches Spiel zwischen den führenden Persönlichkeiten zunehmend die Rolle des Parlaments aushöhlte. Die Industrialisierung und Modernisierung des Landes wurde de facto von einer schmalen Elite gelenkt.

Nach 1945, in der schon beschriebenen blockierten Demokratie, fand dieser *trasformismo* hauptsächlich innerhalb der alles beherrschenden Staatspartei *Democrazia Cristiana* seine Fortsetzung. Der gesellschaftliche Ausgleich erfolgte durch permanentes Tauziehen um Einfluss und Macht zwischen den unzähligen Fraktionen der Partei, durch fast jährliche Regierungsumbildungen, Neubesetzungen von Ministerien und

Ämtern – ein ununterbrochener Tauschhandel. Inkarnation dieser „Kunst des Regierens und Überlebens" war Giulio Andreotti: Staatssekretär oder Minister in 33 Regierungen und sieben Mal Ministerpräsident. Den Spruch *„il potere logora"* („die Macht verschleißt") quittierte er gerne mit dem Satz: „Die Macht verschleißt jene, die sie nicht haben."

Seit dem Niedergang und der Auflösung der *Democrazia Cristiana* und dem Aufstieg Silvio Berlusconis hat der *trasformismo* eine andere Form angenommen. Heute spricht man von *cambio di casacca* oder von den *voltagabbana*, vom Wechsel der Weste oder den „Mantelwendern" – auf Deutsch Wendehälse genannt. Gemeint ist damit die abenteuerliche Anzahl von Partei- und Fraktionswechseln der Parlamentarier – mehrere hundert pro Legislaturperiode. Den bisherigen Höhepunkt erreichte die Auflösung, Umformung, Neubildung, Neubenennung von Klein- und Kleinstparteien oder Fraktionen zwischen 2013 und 2018 mit insgesamt 564 Seitenwechseln von Abgeordneten und Senatoren. Zwei, drei oder vier Seitenwechsel sind durchaus üblich, aber den Rekord hält der 71-jährige Senator Luigi Compagna mit neun Wechseln innerhalb von fünf Jahren. In seiner politischen Karriere gehörte er elf verschiedenen Parteien an. Insgesamt haben 35 Prozent der Parlamentarier in den fünf Jahren zumindest einen Partei- oder Fraktionswechsel vollzogen. Auf dieses Verhalten angesprochen, betonen so gut wie alle, dass sie ihren Überzeugungen treu geblieben und nur ihren Wählern verpflichtet sind. Das ist ein klares Zeichen für die tiefe Krise und Orientierungslosigkeit der politischen Formationen und Parteien einerseits, aber auch für die traditionell „transformistische" politische Kultur der *Casta*.

Die Wirtschaft:
20 Jahre Dauerkrise

Dass Italien heute das schwächste Glied in der Kette der westeuropäischen Demokratien und das einzige Schwergewicht unter ihnen mit einer Regierung aus rechtsradikalen Nationalpopulisten und einer hybriden Antisystempartei ist, hat seine Ursachen ganz wesentlich in der tiefen, anhaltenden Wirtschaftskrise des Landes. Obwohl nach wie vor drittstärkste Ökonomie auf dem europäischen Kontinent und G7-Mitglied, liegt das Bruttoinlandsprodukt pro Kopf heute unter jenem im Jahr 2000. Im internationalen BIP-per-capita-Ranking des IWF belegte Italien 2017 Platz 27 (Österreich 15, Deutschland 19). Um die sozialen und politischen Auswirkungen der Dauerkrise zu verstehen, muss man sich den rasanten Aufschwung Italiens nach 1945 in Erinnerung rufen. Der deutsche Historiker und Italienspezialist Christian Jansen dazu: „Die Zeit seit 1945 [war] für Italien eine Zeit extremer Umbrüche im Zuge einer nachholenden Modernisierung, ökonomisch eine beispiellose Erfolgsgeschichte und aus der Perspektive der meisten italienischen Familien eine Zeit des rapiden sozialen Aufstieges. Die Apenninenhalbinsel entwickelte sich seit 1945 von einem armen, in großen Teilen noch traditionell agrarisch geprägten Land zu einem der sieben reichsten Industrieländer. [...] Innerhalb weniger Jahrzehnte hat sich das Nationaleinkommen verfünffacht, das Pro-Kopf-Einkommen vervierfacht. Italien als der andere große Verlierer des Zweiten Weltkriegs war letztlich ökonomisch noch erfolgreicher als Deutschland." (Ch. Jansen, „Italien seit 1945")

Heute ist Italien das einzige Land der Euro-Zone, das den Schock der Finanz- und Wirtschaftskrise von 2008 nicht überwunden hat. Die Wirtschaftsleistung liegt noch immer 5 Prozent unter dem Wert von vor elf Jahren. Weiter gestiegen ist hingegen die astronomische Staatsverschuldung, von 1671 Milliarden 2008 auf 2316 Milliarden Euro 2018. Das sind über 130 Prozent des BIP. Die dafür an die Geldgeber zu bezahlenden Zinsen betragen jährlich ca. 65 Milliarden Euro oder genau so viel, wie der Staat für das gesamte Schulwesen ausgibt. Das sind natürlich Mittel, die dem Staat für Investitionen in Infrastruktur, Gesundheitssystem, Bildung und Forschung fehlen. Außerdem hat die hohe Verschuldung noch einen perversen Nebeneffekt. Nachdem die Zinssätze für Geld, das dem Staat geborgt wird, aufgrund des hohen Risikofaktors ebenso in die Höhe schnellen, investieren internationale Finanzoperateure oft lieber in Staatspapiere als in den produktiven Sektor.

Die Ursachen

Bei der Analyse und Benennung der Ursachen für den so lange anhaltenden Tiefflug der italienischen Wirtschaft spielt natürlich die politisch-ideologische Position der Betrachter eine nicht unwesentliche Rolle. Die Euroskeptiker sehen in der Einführung der Einheitswährung vor 20 Jahren und in den „Auflagen Brüssels" den Hauptgrund. Dass die vor allem von Deutschland gewollte strikte Sparpolitik Italien und andere schwächere Euro-Länder gehemmt und benachteiligt habe, bestätigen auch international bedeutende Ökonomen. In Italien bildet diese Überzeugung einen breiten Konsens fast aller politischen Kräfte, nur glauben die traditionellen Parteien, die Lockerung der straffen Zügel müsse durch Verhandlungen erreicht werden, während sich Salvini und die *5 Sterne* demonstrativ für den kämpferischen Konfrontationskurs mit der EU entschieden haben – zumindest in ihrer Propaganda.

Unbestritten ist jedenfalls, dass die im vorhergehenden Kapitel beschriebenen Grundübel Bürokratie, schwerfällige Justiz und Korruption jede Modernisierung der Wirtschaft

hemmen und Investoren, vor allem ausländische, abschre-
cken. In einer ausführlichen Ursachenanalyse der *Financial
Times* unter Berücksichtigung zahlreicher Studien und Ex-
pertenmeinungen wird die Verantwortung für die italienische
Krise auch bei den Unternehmern gesehen. Die Analyse ergibt:
95 Prozent der italienischen Unternehmen haben weniger als
zehn Arbeitnehmer. Während die Klein- und Mittelbetrie-
be, häufig Familienunternehmen, in den 1970er- und 1980er-
Jahren Hauptmotor der Produktionssteigerung waren, sind
gerade sie ins Hintertreffen geraten. Weil sie nachgewiesener-
maßen nicht in Forschung und Entwicklung investiert haben,
Fortbildung vernachlässigt und Management-Methoden nicht
erneuert haben, sind sie im rasant globalisierten Konkurrenz-
kampf schlecht gerüstet. Trotz kräftiger diesbezüglicher Förderung durch die Linksregierung 2016 bieten zum Beispiel
nur 10 Prozent der italienischen Unternehmer ihre Waren zum
Online-Erwerb im Netz an. Damit liegt Italien auf dem dritt-
letzten Platz der EU, vor Rumänien und Bulgarien. Schließlich
ist die Bildungsmisere in Italien ein weiterer Hemmschuh. In
der Altersgruppe der 25- bis 34-Jährigen hat nur jeder Dritte
einen Universitätsabschluss, in der OECD beträgt der Schnitt
44 Prozent. Und aufgrund der hohen Arbeitslosigkeit gehören
24 Prozent der Jugend und der jungen Erwachsenen zwischen
15 und 34 Jahren zu den sogenannten NEET (Not in Education,
Employment or Training), befinden sich also weder in Arbeit
noch Ausbildung. So weit die Analyse der *Financial Times.*

Sozialer Abstieg, Verunsicherung, Wut

Ein Drittel der italienischen Bevölkerung lebt im *disagio*, lei-
det unter wirtschaftlichen und sozialen Engpässen oder gar
Nöten, schreibt der Chefredakteur der linksliberalen Tageszeitung *La Stampa*, Maurizio Molinari. In seinem im Herbst 2018

erschienenen Buch „Perché è successo qui" („Warum ist es hier [bei uns] passiert?") hebt er die Bedeutung der Wirtschaftskrise und der sozialen Ungleichheit für den rasanten Erfolg des Nationalpopulismus Salvinis und der 5 *Sterne* hervor.

Zu den sichtbarsten Folgen der anhaltenden Wirtschaftsschwäche gehört die seit Jahren zwischen 10 und 11 Prozent pendelnde Arbeitslosenrate. In den vergleichbar „fortgeschrittenen" OECD-Staaten betrug sie im Januar 2019 5 bis 6 Prozent, im OECD-Gesamtschnitt 7,8 Prozent und in der EU-28 6,5 Prozent. Deutlich angestiegen ist auch der Anteil an prekären, untypischen und zeitlich begrenzten Arbeitsplätzen. Zudem gibt es bei Arbeitslosigkeit und Armut in Italien seit jeher ein außerordentliches Nord-Süd-Gefälle. Wurden laut dem italienischen Statistikamt ISTAT 2017 im reichen Norden 6,6 Prozent Arbeitslose gezählt, sind es in Mittelitalien 9,4 Prozent und im Süden 18,4 Prozent. Die Jugendarbeitslosigkeit beträgt gesamtstaatlich 32 Prozent, im Süden bis zu 50 Prozent, was dazu führt, dass jährlich an die 150.000 junge Italiener in andere EU-Länder auswandern.

Weniger sichtbar, aber deshalb nicht weniger spürbar für die Betroffenen sind die Auswirkungen auf die Kaufkraft und den Lebensstandard. Laut ISTAT konnten sich 2017 46 Prozent der italienischen Familien nicht einmal eine Woche Urlaub leisten, knapp 15 Millionen Italiener konnten die Ferien nicht außerhalb ihrer Heimatgemeinde verbringen. 14 bis 16 Prozent konnten weder ihre Wohnräumlichkeiten angemessen heizen noch jeden zweiten Tag Fleisch, Fisch oder ein vegetarisches Äquivalent essen. 70 Prozent der Familien können keine Ersparnisse zur Seite legen und 42 Prozent könnten keine plötzlichen, unvorhergesehenen Ausgaben in der Höhe von 800 Euro tätigen.

Bis vor 20 Jahren herrschte in der italienischen Bevölkerung eine geradezu euphorische EU-Begeisterung, heute ist das Gegenteil der Fall. Der soziale Abstieg, die wachsende

Ungleichheit zwischen Abgesicherten und Abgehängten, die Untätigkeit oder Unfähigkeit der Regierenden und Eliten, die Menschen vor den negativen Auswirkungen der Globalisierung zu schützen, das Gefühl, einem Diktat der nördlichen EU-Staaten und vor allem Deutschlands folgen zu müssen und in Sachen Migration vom Rest der Union allein gelassen zu werden – all das hat den fruchtbaren Boden für die populistische Propaganda sowohl der Salvini-*Lega* als auch der *5-Sterne-Bewegung* aufbereitet. Die weit verbreitete Enttäuschung und Wut könnten noch anwachsen, wenn die von den Nationalpopulisten gemachten Verheißungen nicht erfüllt werden und die derzeit geschwächte und selbst Orientierung suchende Linke keine glaubhaften Alternativen anzubieten hat.

Die Linke muss sich neu erfinden

Um den Niedergang und die derzeitige Krise des linken *Partito Democratico* nachvollziehen zu können, muss man sich die Turbulenzen der letzten Jahre vergegenwärtigen. 2011 stand Italien vor dem Abgrund des Staatsbankrotts. Die Regierung Berlusconi hatte auf die 2008 ausgebrochene Finanz- und Wirtschaftskrise erratisch und hilflos reagiert, die Finanzmärkte antworteten ihrerseits mit Kapitalrückzug und offensiven Spekulationsmanövern. Auf Druck der EU, mit Deutschland an der Spitze, aber auch der italienischen Unternehmer und Banken sowie des damaligen Staatspräsidenten Giorgio Napolitano, musste Silvio Berlusconi zurücktreten. Napolitano setzte eine Expertenregierung mit Mario Monti als Premier ein. Monti, Wirtschaftsprofessor, Berater bei Goldman Sachs und Coca-Cola und zehn Jahre lang EU-Kommissar, verpasste dem Land ein radikales Sparprogramm, Blut und Tränen, nicht nur sprichwörtlich. Als die parteiunabhängige Sozialministerin Elsa Fornero ihre Pensionsreform mit drastischen Einschnitten und einer Erhöhung des Pensionsalters auf 67 Jahre verkündete, brach sie vor laufenden Kameras in Tränen aus. Durch Kürzung der öffentlichen Ausgaben und Sozialleistungen, höhere Steuern und Abgaben, Kreditrestriktionen und Staatsgarantien für die Banken wurde eine weitere Steigerung der immensen Staatsschulden verhindert. Die Finanzoperateure an den Börsen beruhigten sich, Brüssel zeigte sich zufrieden, doch die Bevölkerung ächzte unter den Opfern, die Pleiten von Klein- und Mittelbetrieben schnellten in die Höhe, die Arbeitslosenquote ebenso. Mangels Kaufkraft sank der Konsum, Investitionen blieben aus, die Wirtschaftsleistung ging weiter auf Talfahrt.

Nach einem Jahr entzog Berlusconi der im Parlament von allen tolerierten Expertenregierung das Vertrauen und provozierte 2013 Neuwahlen. Aus diesen gingen die vereinte Linke und das Mitte-Rechts-Bündnis Berlusconis gleich stark und die *5-Sterne-Bewegung* als stärkste Einzelpartei hervor. Der Komiker Beppe Grillo, damals noch allmächtiger Chef der *5 Stelle*, lehnte jedoch jede Koalition mit den „Parteien der *Casta*" dezidiert ab. So kam es erstmals seit 1946 zu einer großen Koalition. Die Linke stellte mit Enrico Letta den Premierminister, Berlusconi mit Angelino Alfano den Vizepremier. Aber auch diese Regierung hielt nur genau 300 Tage, weil sich innerhalb des *Partito Democratico* ein revolutionärer Richtungs- und Generationswechsel vollzog.

Matteo Renzi – der Verschrotter

Matteo Renzi wurde 2014 mit 39 Jahren zum jüngsten Regierungschef der italienischen Geschichte. Der ehemalige Pfadfinder und Sohn von Kleinunternehmern begann seine Karriere in einer Nachfolgepartei der implodierten *Democrazia Cristiana*, wurde Präsident der Provinz Florenz, dann erfolgreicher Bürgermeister der Stadt. In den *Partito Democratico* trat Renzi ein, als sich die ehemaligen Kommunisten gegenüber christlichsozialen und sozialdemokratischen Kräften öffneten und der PD zur Mitte-Links-Partei mutierte. 2010 lancierte der selbstbewusste Aufsteiger die Bewegung der *rottamazione senza incentivi*, der „Verschrottung ohne Anreize" – eine Anspielung auf die damals gewährten Finanzvorteile bei Verschrottung von Gebrauchtwagen. Verschrottet sollten allerdings keine Autos werden, sondern die seit allzu vielen Jahren dominierenden Führungsfiguren der Linkspartei. Und wieder hatte Renzi Erfolg. Mit den Losungen „Generationswechsel, Erneuerung, Modernisierung, Öffnung" siegte er bei internen Vorwahlen, wurde Parteichef und drängte seinen Parteifreund Enrico Letta aus dem Amt des Premiers der Koalitionsregierung mit Berlusconi.

Jung, frisch, frech und für die behäbig-traditionelle Links-partei unorthodox, gewann Renzi weit über seine Partei hin-aus schnell Sympathien, besonders bei den urbanen, gebilde-ten Wählern. Kommunikationstalent mit lockerer Sprache, in den Medien und im Internet omnipräsent, modelte er den *Partito Democratico* schon bald zum *Partito di Renzi* um, wie die Kritiker spotteten. Die krasse Personalisierung, das Leader-Prinzip, die Partei als Fan-Club des Chefs, vorexerziert von Sil-vio Berlusconi, mit dem Renzi immer gut konnte, war und ist ja insgesamt im Trend – siehe etwa Tony Blair, Justin Trudeau, Emmanuel Macron, Sebastian Kurz, Matteo Salvini. Renzis Ausstrahlung, sein sprühender Optimismus, seine Verhei-ßung radikaler Veränderung und der Wunsch der Menschen nach etwas Neuem waren so stark, dass bei den EU-Wahlen 2014, nur wenige Monate nach Renzis Regierungsübernahme, die Linkspartei spektakuläre 40,8 Prozent der Stimmen holte. Eine Sensation.

Neuer Stil – neoliberaler Reformturbo

Die deutlichsten Reformerfolge hat Renzi unzweifelhaft im gesellschaftlichen und sozialen Bereich vorzuweisen. Dazu zählen die Legalisierung der Homo-Partnerschaft (nicht Ehe), die Reform und Vereinfachung der Ehescheidung, Fi-nanzhilfen für alleinerziehende Mütter und für Babysitting oder der monatliche Steuerbonus von 80 Euro für alle Bezie-her von Einkommen unter 1500 Euro als Maßnahme gegen die soziale Ungleichheit und um den Konsum anzukurbeln. Hinzu kam die Abschaffung der Eigenheimsteuer, der Regi-onalsteuern für Wirtschaftstreibende, bedeutende Steuerer-leichterungen für die Landwirte und eine Kostensenkung für Bankgarantien. Bis heute heftig umstritten ist hingegen die *Jobs act* getaufte Arbeitsmarktreform mit Abschaffung des von der Arbeiterbewegung durch jahrelange, harte Kämpfe und Streiks errungenen Kündigungsschutzes. Flexibilisierung der Arbeit, Deregulierung des Marktes, verstärkte Konkurrenz durch Abbau von Schutzlizenzen, Steuergeschenke für Unternehmer, Liberalisierung der Finanzmärkte – so wollte Renzi die Wettbewerbsfähigkeit steigern und die Wirtschaft in Schwung bringen. Die Rezepte erinnern an Bill Clinton, Gerhard Schröder und Tony Blair, heute könnte man hinzufügen, auch an Emmanuel Macron: neoliberale Entfesselung, auf die jungen, modernen, „Tüchtigen" als Lokomotive setzen, die die anderen mitziehen soll. Macron benützt dafür die Bergsteiger-Metapher *les premiers de cordée*, die ersten der Seilschaft. Zur Begründung seines Lieblingsbildes meinte Macron am 13.9.2018 bei der Vorstellung seines Plans gegen die Armut im Musée de l'Homme in Paris: „Es gibt immer welche, die besser sind, schneller sind, und solche, die mehr Glück haben. Und wenn die letzten der Seilschaft am Seil zerren, damit die ersten nicht vorankommen, hat niemand etwas davon, dann bleiben alle unten."

Auf den fulminanten Aufstieg Matteo Renzis folgte allerdings sein ebenso spektakulärer Absturz beim Versuch einer radikalen Verfassungsänderung. Zur seit Jahren diskutierten Verkleinerung des Parlaments mit seinen 950 Abgeordneten und Senatoren wollte Renzi den Senat in eine Art Länderkammer verwandeln. Die Gouverneure der 20 Regionen und Bürgermeister von großen Städten sollten ohne zusätzliches Gehalt die 315 Senatoren ersetzen. Vor allem aber hätte diese Kammer lediglich bei föderalen Themen ein Mitspracherecht erhalten sollen. Derzeit muss jedes Gesetz von beiden Kammern im selben Wortlaut verabschiedet werden. Um ein ungeliebtes Gesetz monate- oder gar jahrelang zu sabotieren, gilt es heute als beliebte Taktik, bei jeder Einigung in einer Parlamentskammer in der anderen wieder mehrere Dutzend Abänderungsvorschläge einzubringen. In völliger Überschätzung seiner Beliebtheit wollte Renzi seine Parlamentsreform per Referendum durchpeitschen. Er hatte nicht mit dem Widerspruch auch linker prominenter Verfassungsrechtler gerechnet, die eine zu große Machtkonzentration beim Regierungschef befürchteten, wenn dieser über eine solide Mehrheit in der einzig ausschlaggebenden Abgeordnetenkammer verfügt. Die monatelangen Debatten über die komplexe Verfassungsmaterie waren selbst für politisch interessierte Normalsterbliche kaum verständlich. Das Referendum wurde schließlich ein Referendum über Renzi. Und dieser hatte unterschätzt, wie viel Enttäuschung und Unzufriedenheit sich in der Bevölkerung breitgemacht hatte: Es gab nicht mehr Jobs, die Arbeitsverhältnisse waren dafür aber unsicherer und prekärer geworden. Die Wirtschaft hatte den großen Sprung nach vorn nicht gemacht, die Einkommen blieben niedrig, die Bürokratie war gleich bleiern wie eh und je. Das Referendum bescherte Renzi eine krachende Niederlage und das unrühmliche Ende seiner dreijährigen Regierungszeit. Der auf Renzi folgende Paolo Gentiloni blieb ein pragmatischer Verwaltungs-Premier bis zu den Parlamentswahlen 2018, bei denen der *Partito Democratico* das historisch schlechteste Ergebnis von 18,7 Prozent einfuhr.

Der gebrochene Gesellschaftsvertrag

Obwohl es seitens der Zivilgesellschaft immer wieder Protest und Widerstand gegen die fremdenfeindliche Politik Salvinis und der *Lega* gibt, häufig mit Geistlichen und Aktivisten der Kirche an der Spitze, spielte der *Partito Democratico* dabei bisher kaum eine Rolle. Ein ganzes Jahr dauerte das Schock-Koma der zusätzlich intern zerstrittenen Linken. Erst bei der Vorbereitung auf die EU-Wahlen 2019 gelang wieder eine gewisse Mobilisierung. An den offenen Vorwahlen für den neuen

Parteichef nahmen 1,4 Millionen Mitglieder und Sympathisanten teil, standen für die Stimmabgabe sogar stundenlang Schlange. Grundton der befragten Basis: Bei aller Kritik an der Partei, wir müssen jetzt ein Zeichen gegen die Regierung setzen. Auch der leichte Stimmenzugewinn von 4 Prozent bei den EU-Wahlen kann als ermutigendes Lebenszeichen interpretiert werden – es gibt sie noch, die Linke. Doch dieses langsame Wiedererwachen kann das Grundproblem nicht verschleiern, nämlich: Was hat die Linke über die Opposition gegen Salvini & Co. hinaus anzubieten? Welche neue Vision, welche konkreten Rezepte?

Dazu Ezio Mauro von *La Repubblica*: „Die Linke hat heute ein enormes grundsätzliches Problem, und das nicht nur in Italien. Im 19. und 20. Jahrhundert stand im Zentrum der linken Gesellschaftskonzeption die Arbeit. Wenn die Arbeit vollkommen pulverisiert wird, ist das Gravizentrum der Linken weg. Für die Menschen bleibt die Arbeit aber das zentrale Anliegen. Arbeit heißt Einkommen, bedeutet Zukunftsperspektive und soziale Rolle. Daher rührt auch die heute weit verbreitete Orientierungslosigkeit und Verlorenheit der Menschen, sie merken, dass ihnen die Arbeit davonläuft, entwischt. Als die Linke die Welt der Arbeitenden organisiert hat, hat sie nicht nur Arbeit, Arbeitsbedingungen und Einkommen errungen, sondern eine Reihe gesellschaftlicher Rechte, die Solidarität und das Konzept des *citoyen* schlechthin.

Insofern ist auch der Vertrag zwischen dem Bürger und dem Staat in der Krise. Früher konnte der Bürger sagen: ‚Ich akzeptiere eine Einschränkung meiner Rechte und du, Staat, garantierst mir im Gegenzug Schutz und Sicherheit.‘ Heute kann der Staat überhaupt keine Sicherheit mehr garantieren. Die wirkliche Macht liegt längst bei den transnationalen Wirtschaftskolossen, und die pfeifen auf diesen Gesellschaftsvertrag. Zum ersten Mal kommt der Reiche ohne den Armen aus, das ist das wirklich Neue. Der Reiche lebt heute in der Welt der transnationalen Finanzflüsse und trifft den Armen, der in den Kellerlöchern der Nationalstaaten haust, nicht einmal mehr physisch. Der Arme kann auch keine Furcht mehr einflößen, er hat kein Druckmittel, niemanden, der ihn vertritt. Früher gab es zwar eine riesige Ungleichheit zwischen Reich und Arm, aber Reiche und Arme waren aneinander gebunden. Das ist vorbei, dieser Gesellschaftsvertrag ist zerbrochen. Wodurch selbst das Konzept von Freiheit auf den Kopf gestellt wird. Du bist nicht mehr frei, weil du dich im Besitz deiner Rechte und Fähigkeiten entfalten kannst. Du bist frei, weil du auf dich allein gestellt, von jeglicher sozialen Bindung, von jeder Verpflichtung befreit bist."

Anthropologische Mutation

Für den Philosophen Massimo Cacciari befinden wir uns in einem Prozess der anthropologischen Mutation. Eine Mutation, die zur Auflösung sämtlicher traditioneller Gesellschaftsstrukturen bis hin zur Familie und zum extremen Individualismus führt. „Die Moderne beginnt mit der Erfindung des Individuums, denken wir an Thomas Hobbes. Aber das Individuum hat auch den Impuls, sich zusammenzutun, sich zu organisieren. In der Rechtsphilosophie von Hegel war die Familie der fundamentale Kern, im Liberalismus gab es neben den staatlichen Institutionen die Stände, bei Marx die Klassen, dann die Parteien, die Gewerkschaften, die Vereine – und jetzt sind wir zurückgekehrt zum ‚Individuum gegen Individuum', jeder für sich und gegen alle."

Den häufig verwendeten Begriff der *liquid society,* der zunehmend mobilen, fließenden Gesellschaft, sieht Cacciari kritisch, hält ihn für begrenzt. „Der Begriff ist eine reine Beschreibung der Entwicklung, er hinterfragt jedoch nicht, wer die Macht und Kontrolle über diese *liquid society* hat. Wer besitzt, produziert, betreibt und kontrolliert jene Mittel und Instrumente, über die die Individuen miteinander verkehren, miteinander vernetzt sind? Und auf welcher Ebene, auf welcher Basis verkehren die Individuen miteinander? Auf einer rein utilitaristischen, konsumorientierten Basis? Das ist meine Kritik, denn auch in der *società liquida* gibt es jemanden, der die Macht hat, der entscheidet, welche Produktions- und Kommunikationsmittel die Individuen benutzen. Es sind die großen Finanzgesellschaften, Wirtschaftsgruppen und Monopole, die Internet-Giganten usw. Das ist die entscheidende Grundfrage: welche *governance* dieser Prozesse entwickelt und errungen werden muss."

Für Cacciari, selbst jahrelang in der Gewerkschaft, als Abgeordneter und Bürgermeister politisch aktiv, braucht die Linke als Erstes eine tief schürfende Selbstkritik und Reflexion über die eigenen Fehler, um die Leidtragenden und Opfer der globalisierten Weltordnung wieder erreichen und organisieren zu können. „Die Linke hat das Wesen der sozialen Umwälzungen nicht oder zu spät verstanden. Nur weil die Fabrik nicht mehr das Zentrum der Gesellschaft ist, heißt das ja nicht, dass es keine abhängige Arbeit, keine Ausbeutung gibt. Im Gegenteil, es ist schlimmer geworden. Aber die Gewerkschaften und die Linke waren blind, haben die Interessen der neuen Verlierer nicht vertreten – das haben dann halt die 5 *Sterne*, *Podemos* und zum Teil die Gelbwesten in Frankreich getan, aber als reine Protestbewegung ohne Perspektiven. Wir müssen auf diese Menschen zugehen, sie wieder organisieren, syndikalisieren – den Sinn des Wortes *sindacato* (Gewerkschaft) wieder ernst nehmen, es stammt ja von *sin ducere*, zusammenführen. Wir befinden uns letztlich in einer ähnlichen Situation wie zu Beginn der Arbeiterbewegung. Damals standen auch die Arbeiter einzeln und allein dem übermächtigen Unternehmer gegenüber, bis sich die Arbeiter zusammenschlossen und die nötigen Organisations-

und Kampfformen fanden, um ihre Rechte durchzusetzen. Die Voraussetzungen dafür sind heute sehr schwierig, aber es ist der einzige Weg."

Salvini Premier:
Was würde das bedeuten?

Einen Monat nach den Wahlen zum EU-Parlament ist die Wählergunst für Matteo Salvini weiter gewachsen. Laut den regelmäßig durchgeführten Umfragen zweier verschiedener Institute würde die *Lega* Ende Juni 2019 auf 35 oder gar 37 Prozent der Stimmen kommen. Berlusconis *Forza Italia* und die postfaschistischen *Fratelli d'Italia* liegen beide zwischen 6,5 und 8 Prozent. Angesichts des teilweisen Mehrheitswahlrechts könnte Salvini demnach bei Neuwahlen ohne Schwierigkeiten mit einer rechts-rechten Parlamentsmehrheit rechnen. Was würde das für Italien, für Europa und international bedeuten? Diese immer wieder gestellte Frage ist unter anderem deshalb schwer zu beantworten, weil Salvini nicht nur stark ideologisch ausgerichtet, sondern aus populistischen oder machttaktischen Gründen jederzeit für abrupte Wendungen gut ist. Nach jahrelanger Beschimpfung der Süditaliener inszeniert er sich jetzt als deren patriotischer Anführer. Der noch vor Kurzem lauthals geforderte Austritt aus dem Euro und nötigenfalls aus der EU ist vergessen, jetzt lautet die Losung: „die EU radikal verändern". In Moskau huldigt der *Capitano* dem Vorbild Wladimir Putin, fordert die Aufhebung der Sanktionen gegen Russland, aber seit seinem Besuch in Washington erklärt er die Steuersenkungen und Deregulierungen Donald Trumps als das einzig wirksame Zaubermittel für „eine schockartige Entfesselung der italienischen Wirtschaft" und schwört Bündnistreue. Der italienische Journalist und Autor des Buches „Anatomie eines Populisten. Die wahre Geschichte des Matteo Salvini" (2016) Matteo Pucciarelli schrieb in der Juni-Ausgabe 2019 von *Le Monde Diplomatique* zur Frage, was von einem Ministerpräsidenten Salvini zu erwarten sei: „Würde er sich als neuer Berlusconi entpuppen, der bei aller Wichtigtuerei keine großen Veränderungen bewirkt hat? [...] Eigentlich deutet alles auf eine pragmatische Anpassung an den Status quo hin – selbst wenn Salvini nach der jüngsten Ankündigung der EU-Kommission, ein Defizitverfahren gegen Italien einzuleiten, gerade lauthals protestiert. Die Wählerschaft der *Lega* steht den Großbanken, EU-Gesetzen und multinationalen Konzernen zwar feindlich gegenüber, ist aber im Grunde unbeirrbar kapitalistisch gesinnt. [...] Die wahre Eintrittskarte zur Macht ist die Anprangerung der ‚offenen Grenzen‘, und bei diesem Thema ist er ganz auf EU-Linie."

Im ersten Regierungsjahr hat sich Salvini mit Hetze und gesetzlichen Verschärfungen gegen Migranten und Minderheiten wie den Roma sowie mit nationalistischer Propaganda gegen die EU und „verschworene internationale Mächte" erfolgreich profiliert. Selbst in moderaten Bevölkerungskreisen erntete er Zustimmung mit seiner „Recht und Ordnung"-Politik als oberster Polizist und mit ultrakonservativen Positionen bei Fragen wie Familie, Abtreibung oder Genderdiskussion. In allen solchen patriotisch-konservative Identität stiftenden Bereichen könnte der schon de facto „starke Mann" Salvini als institutionell legitimierter Regierungschef unzweifelhaft eine noch schärfere Gangart einschlagen, bis hin zu demokratiefeindlichen, illiberalen Maßnahmen – etwa bei der Schwächung der lästigen Staatsanwälte und Richter oder bei der schon begonnenen Einflussnahme auf die öffentlich-rechtlichen Radio- und TV-Sender der RAI. Nicht unwesentlich zum Popularitäts-Hoch der Salvini-*Lega* als „soziale Rechte" haben aber auch zwei einschneidende soziale Reformen beigetragen: die Einführung einer Hartz-IV-ähnlichen Mindestsicherung und der Möglichkeit der Frührente (mit Abschlägen). Wollte Salvini die angekündigten radikalen Steuersenkungen, wenn auch zeitlich abgestuft, auch noch umsetzen, würden die ohnehin astronomischen Staatsschulden unweigerlich ausufern.

Die von Pucciarelli vermutete „Anpassung an den Status quo" würde für Salvini dann schwierig. Schon jetzt ist der Druck der EU groß und die Finanzmärkte borgen Italien frisches Geld nur mehr zu höheren Zinssätzen, als sie selbst Griechenland derzeit berappen muss. Also wäre auch eine rechts-rechte Regierung zu Einsparungen bei den Ausgaben für Gesundheit, Schule, Umwelt, Forschung, Digitalisierung usw. gezwungen. Ob dann Nationalismus, der Slogan „die Italiener zuerst", Fremdenfeindlichkeit und das Wedeln mit dem Rosenkranz den betroffenen *Lega*-Wählern als Trost noch lange reichen würde? Die großen Reformen zur Bekämpfung der Bürokratie und der Korruption, zur Sanierung der maroden Infrastruktur, zur Modernisierung des Landes sind jedenfalls nicht in Sicht.

Danksagung

Mein besonderer Dank gilt Barbara Köszegi für ihre motivierende Begleitung und für ihr kompetentes und umsichtiges Lektorat. Franz Kössler, Sabine Gruber, Helmut Feichter und Paolo Pagliaro verdanke ich außerordentlich befruchtende Gespräche über Monate hinweg. Ihre profunde Italien-Kenntnis, ihre Anregungen und die gemeinsame kritische Reflexion über die besorgniserregenden gesellschaftlichen Umwälzungen, denen wir beiwohnen, waren von großer Hilfe. Und sie haben den zuweilen solitären Marathon des Buch-Schreibens durch freundschaftlichen Austausch belebt.

Literatur

Zygmunt Bauman/Ezio Mauro, Babel, John Wiley & Sons 2016 (englisch), Laterza 2016 (italienische Übersetzung)

Roberto Biocio/Paolo Natale, Il Movimento 5 Stelle – dalla protesta al governo, Mimesi edizioni, 2018

Umberto Eco, Der immerwährende Faschismus (Ur-Faschismus), in: Vier moralische Schriften, Carl Hanser Verlag, 1998, italienische Ausgabe: Il fascismo eterno, La nave di Teseo, 2017

Christian Jansen, Italien seit 1945, Vandenhoeck & Ruprecht UTB, 2007

Brunello Mantelli, Kurze Geschichte des italienischen Faschismus, Wagenbach 2008

Ezio Mauro, L'uomo bianco, Feltrinelli, 2018

Maurizio Molinari, Perché è successo qui, La nave di Teseo, 2018

Michela Murgia, Istruzioni per diventare fascisti, Einaudi, 2018

Gianluca Passarelli/Dario Tuorto, La Lega di Salvini – estrema destra di Governo, il Mulino, 2018